만화로 배우는
부동산등기

만화로 배우는
부동산등기

정기수·김혜란 지음 | 안 주 그림

봄봄
스토리

CONTENTS

- **01** 등기부의 종류 ······ 15
- **02** 등기기록의 양식 ······ 23
- **03** 권리의 순위 ······ 29
- **04** 등기신청의 접수시기 및 효력발생시기 ······ 41
- **05** 부기등기의 순위 ······ 49
- **06** 변경등기와 멸실등기의 신청 ······ 57
- **07** 경정등기와 유루발견 ······ 63
- **08** 등기사항의 열람방법 ······ 71
- **09** 폐쇄등기부 열람 및 분석의 필요성 ······ 83

- **10** 거래가액의 등기 ······ 113
- **11** 공유지분등기와 분석방법 ······ 119
- **12** 임차권등기명령 ······ 129
- **13** 가등기에 의한 본등기 시 본등기의 순위 ······ 135
- **14** 환매특약등기 ······ 145
- **15** 혼동으로 소멸되는 가등기 ······ 151
- **16** 지상권, 지역권(승역지와 요역지) ······ 157
- **17** 건축법상 사용승인 받지 않은 건물 ······ 169
- **18** 건축물관리대장과 건물등기부등본 ······ 181

지은이의 말

만화로 배우는 《맹지탈출》, 《법정지상권》, 《공유지분경매》와 더불어 부동산경매 시리즈의 종결판인 《부동산등기》를 마무리하게 되었다. 그동안 쉼없이 달려온 필자는 이제야 잠시 뒤돌아볼 여유를 가지고자 한다. 2012년 《부동산등기 완정정복》을 출판한 이래 많은 분들의 격려도 있었지만, 한편으로는 이해하기가 조금 어렵다는 질책 또한 받았다. 그래서 '부동산경매의 3대 블루칩 시리즈'를 마무리하면서 부동산등기 관련 책을 만화로 출판하여 많은 분들이 경매를 제대로 쉽게 이해하는데 도움을 주고자 했다.

근래 들어서 경매를 공부하거나 NPL을 공부하는 사람들이 매우 많아졌다. 그러나 경매나 NPL 공부에서 가장 기본적인 지식이 되는 '부동산등기'를 공부하는 사람들은 많지 않다. 물론 대학이나 대학원에서 부동산등기를 강의하는 곳도 있기는 하다. 하지만 소비자 측면에서 부동산등기를 이해하는 것이 아니라 법무사의 관점에서 교육을 하고 있는 것이 현실이다. 그렇지만 독자 여러분들은 법무사가 아니며 될 필요도 없다. 물론 직접 등기를 하는 사람

들도 있겠지만, 소비자 측면에서 보면 우리는 등기를 잘 이해하고 분석하면 충분하다. 그리하여 등기를 몰라서 받는 불이익이 없으면 되는 것이다.

경매물건과 NPL물건의 정확한 판단과 분석을 위해서는 부동산등기를 확실히 알고 이해해야 한다. 그러므로 이런 물건에 대한 부동산등기의 분석이 가장 기본이며, 부동산등기에 대한 정확한 이해가 전제되어야 한다. 그러나 많은 사람들은 경매와 NPL에 대한 공부는 중요하게 생각하면서도 부동산등기에 대해서는 소홀히 하는 잘못된 방향으로 나아가고 있다. 물론 거의 모든 책들이 법무사 관점으로 기술되어 있고, 소비자 관점의 책이 없는 것이 현실이다. 그래서 필자는 이에 대한 고민을 해결하고자 소비자들이 이해하기 쉽게 만화의 형식을 빌어서 출판을 하게 되었다.

그렇지만 만화로 그려졌다고 하나 등기를 이해하기는 쉬운 일이 아니다. 그러나 가능하면 편하고 쉽게 이해가 되게끔 필자의 역량을 집중해서 집필

하고자 했다. 특히 필자는 이 책자에서 '폐쇄등기부'의 중요성을 강조하고 있다. 보통의 사람들은 폐쇄등기부라는 용어도 잘 알지 못하고 있을 것이다. 그러나 이 폐쇄등기를 모르고 부동산매매나 경매입찰을 한다면 금전적으로 큰 손해를 볼 수가 있다. 왜냐하면 우리나라의 등기는 공시력(公示力)만 인정하지 공신력(公信力)을 인정하지 않기 때문이다. 이 공시력과 공신력은 문제가 발생하기 전에는 그 중요성을 전혀 알지 못한다. 그러나 문제가 현실에서 발생하고 본인에게 닥쳐오면 큰 경제적 손실을 입게 되고 엄청난 고통을 피할 수가 없게 된다.

이 책은 권리의 순위와 부기등기의 순위, 공유지분등기의 분석방법 등 독자들이 필요로 하는 내용 중 가장 중요한 부분과 반드시 알아야 하는 분야를 중심으로 집필하였다. 필자의 욕심으로는 더 많은 부분을 포함했으면 했는데, 이 책을 통해 공부하는 독자들의 이해를 돕기 위해 많은 부분을 생략하고 쉽게 서술하였다. 독자 여러분들이 이 책으로 부동산등기를 이해한다면 어

렵게만 느껴졌던 부동산등기가 어느 순간 친숙하게 다가올 것이다. 그리하여 투자의 여정에서 어려움의 무게가 한결 가벼워질 것으로 기대하고 또한 확신한다.

끝으로 이 책자가 완성되기까지 정성을 다해 준 많은 분들의 도움이 있었다. 이분들과 항상 함께하길 기대하면서 감사한 마음을 갖고 기억하고 싶다.

2020년 새날에
정기수, 김혜란

만약 이 경매물건이 4억원 이상으로 경락이 되지 않으면 NPL 매입자는 어떻게 되죠.	그렇습니다. 그러므로 NPL채권을 매입하려면 실거래 가격과 낙찰률도 생각해야 합니다.

그렇습니다. 경매가가 계속해서 하락한다면 NPL매입자가 경락받을 생각도 해야죠.

또한 최선순위 채권이 아닌 후순위 채권을 매입할 경우에는 배당방법도 알아야 손해를 보지 않을 수 있죠.

그렇습니다. 이제 부동산등기에 대하여 알아보면 그런 이유를 알 수가 있을 겁니다.

그럼 이제부터 부동산등기에 대하여 알아보기로 하겠습니다.

01

등기부의 종류

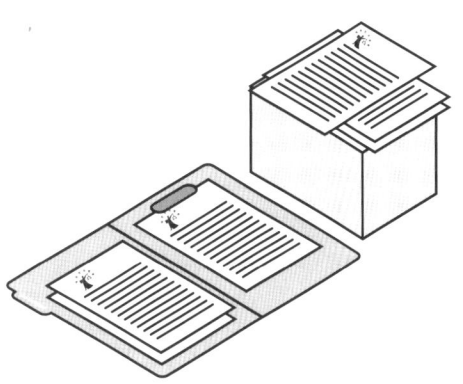

1. 토지등기부 양식

등기사항전부증명서(말소사항 포함)
- 토지 -

고유번호 1341-1996-213868

[토지] 경기도 안양시 만안구 안양동 992-44

【 표 제 부 】 (토지의 표시)

표시번호	접 수	소재지번	지목	면적	등기원인 및 기타사항
1 (전 2)	1988년12월3일	경기도 안양시 안양동 992-44	대	79㎡	
					부동산등기법 제177조의 6 제1항의 규정에 의하여 2001년 02월 01일 전산이기
2		경기도 안양시 만안구 안양동 992-44	대	79㎡	2001년2월8일 행정구역명칭변경으로 인하여 2001년2월8일 등기

【 갑 구 】 (소유권에 관한 사항)

순위번호	등기목적	접 수	등기원인	권리자 및 기타사항
1 (전 1)	소유권이전	1974년2월26일 제5001호	1974년2월25일 매매	소유자 신 구 390113-******* 안양시 만안구 안양동 992-44
1-1 (전 1-1)	1번등기명의인표시 변경	1999년3월25일 제27521호	1999년3월25일 착오발견	신 구의 성명(명칭) 신 범
				부동산등기법 제177조의 6 제1항의 규정에 의하여 1번 내지 1-1번 등기를 2001년 02월 01일 전산이기
1-1-1	1-1번변경등기경정			접수일자 1999년3월25일 유투발견 2006년10월23일 등기
2	소유권이전	2014년12월16일 제180333호	2014년3월25일 협의분할에 의한 상속	소유자 신 철 740110-******* 경기도 용인시 기흥구 구성로 392, 913동 103호(청덕동,휴먼시아 물푸레마을)

2. 건물등기부 양식

등기사항전부증명서(말소사항 포함)
- 건물 -

고유번호 1341-1996-250879

[건물] 경기도 안양시 만안구 안양동 992-44

【 표 제 부 】 (건물의 표시)

표시번호	접 수	소재지번 및 건물번호	건 물 내 역	등기원인 및 기타사항
1 (전 2)	~~1999년3월25일~~	~~경기도 안양시 만안구 안양동 992-44~~	~~연와조 세멘와즙 주택 44.79㎡~~	
				부동산등기법 제177조의 6 제1항의 규정에 의하여 2001년 02월 05일 전산이기
2		경기도 안양시 만안구 안양동 992-44 [도로명주소] 경기도 안양시 만안구 병목안로130번길 24	연와조 세멘와즙 주택 44.79㎡	도로명주소 2012년7월31일 등기

【 갑　　구 】 (소유권에 관한 사항)

순위번호	등 기 목 적	접　수	등 기 원 인	권리자 및 기타사항
1 (전 1)	소유권이전	1974년2월26일 제5001호	1974년2월25일 매매	소유자 신■구 390113-******* 안양시 만안구 안양동 992-44
1-1 (전 1-1)	1번등기명의인표시변경	1999년3월25일 제27521호	1999년3월25일 착오발견	신■구의 성명(명칭) 신■범
				부동산등기법 제177조의 6 제1항의 규정에 의하여 1번 내지 1-1번 등기를 2001년 02월 05일 전산이기
2	소유권이전	2014년12월16일 제180333호	2014년3월25일 협의분할에 의한 상속	소유자 신■철 740110-******* 경기도 용인시 기흥구 구성로 392, 913동 103호(청덕동,휴먼시아 물푸레마을)
~~3~~	~~압류~~	~~2016년4월8일 제44189호~~	~~2016년4월8일 압류(징수부 90~~	~~권리자 국민건강보험공단 111471-0008863 강원도 원주시 삼보로 32(반곡동)~~

3. 집합건물등기부 양식

등기사항전부증명서(말소사항 포함)
- 집합건물 -

고유번호 1159-1996-035916

[집합건물] 경기도 고양시 덕양구 행신동 958 햇빛마을아파트 제2403동 제20층 제2001호

【 표 제 부 】 (1동의 건물의 표시)

표시번호	접 수	소재지번,건물명칭 및 번호	건물 내역	등기원인 및 기타사항
2		경기도 고양시 덕양구 행신동 958 햇빛마을아파트 제2403동 [도로명주소] 경기도 고양시 덕양구 화신로 106	철근콘크리트 벽식구조 슬래브지붕 20층 아파트 1층 616.56㎡ 2층 592.72㎡ 3층 592.72㎡ 4층 592.72㎡ 19층 231.42㎡ 20층 231.42㎡ 지하1층 606.39㎡	도로명주소 2013년2월8일 등기

(대지권의 목적인 토지의 표시)

표시번호	소 재 지 번	지 목	면 적	등기원인 및 기타사항
1 (전 1)	1. 경기도 고양시 덕양구 행신동 958	대	54225.4㎡	1998년4월18일
				부동산등기법 제177조의 6 제1항의 규정에 의하여 2000년 08월 03일 전산이기

【 표 제 부 】 (전유부분의 건물의 표시)

표시번호	접 수	건물번호	건물 내역	등기원인 및 기타사항
1 (전 1)	1998년2월19일	제20층 제2001호	철근콘크리트 벽식구조 99.78㎡	도면편철장 1책34장
				부동산등기법 제177조의 6 제1항의 규정에 의하여 2000년 08월 03일 전산이기

02
등기기록의 양식

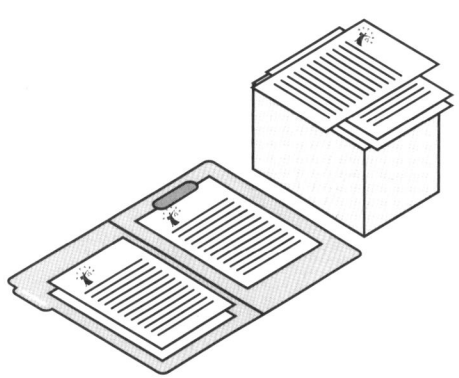

등기사항전부증명서(말소사항 포함)
- 토지 -

고유번호 1115-1996-201257

[토지] 경기도 의정부시 가능동 590-50

【 표 제 부 】		(토지의 표시)			
표시번호	접 수	소재지번	지목	면적	등기원인 및 기타사항
1 (전 2)	1999년1월19일	경기도 의정부시 가능동 590-50	대	720㎡	
					부동산등기법 제177조의 6 제1항의 규정에 의하여 1999년 02월 06일 전산이기

등기사항전부증명서(말소사항 포함)
- 건물 -

고유번호 1115-1996-201695

[건물] 경기도 의정부시 가능동 591-86

【 표 제 부 】	(건물의 표시)			
표시번호	접 수	소재지번 및 건물번호	건물내역	등기원인 및 기타사항
1 (전 1)	1994년10월26일	경기도 의정부시 가능동 591-86	연와조 스라브지붕 2층주택 1층53.30㎡(1가구) 2층53.30㎡(1가구) 지층53.30㎡(1가구)	

건물등기부에는 소재지번과 건물내역이 나와 있습니다.

토지등기부는 지목, 건물등기부는 건물내역이 나와 있습니다.

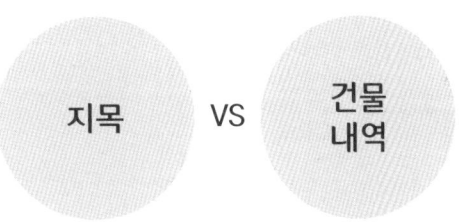

등기사항전부증명서(말소사항 포함)
- 집합건물 -

고유번호 2802-2017-023301

[집합건물] 경기도 의정부시 민락동 800 민락엘레트10단지 제1004동 제15층 제1503호

【 표 제 부 】	(1동의 건물의 표시)			
표시번호	접 수	소재지번,건물명칭 및 번호	건물내역	등기원인 및 기타사항
1	2017년12월15일	경기도 의정부시 민락동 800 민락엘레트10단지 제1004동 [도로명주소] 경기도 의정부시 송양로 04	철근콘크리트구조 (철근)콘크리트평지붕 29층 공동주택(아파트) 1층 532.24㎡ 2층 495.36㎡ 3층 495.36㎡	

자! 아파트와 같은 집합건물등기는 표제부에 1동 전체에 대한 내용을 표시합니다.

정말 1동의 전체내용이 나와 있네요…

그렇습니다. 이제 갑구를 보겠습니다.

갑구는 소유권에 관한 사항이 기재되죠?

【 갑 구 】 (소유권에 관한 사항)				
순위번호	등기목적	접 수	등기원인	권리자 및 기타사항
1 (전 10)	소유권이전	1998년1월13일 제2238호	1998년12월1일 매매	소유자 고■숙 540303-******* 의정부시 가능동 591-86 부동산등기법 제177조의 6 제1항의 규정에 의하여 1999년 02월 06일 전산이기
1-1	1번등기명의인표시 변경	1999년10월27일 제87796호	1999년5월26일 전거	고■숙의 주소 의정부시 가능동 724-12
2	소유권이전	2002년8월1일 제86150호	2002년7월15일 매매	소유자 최■순 470426-******* 의정부시 가능동 732-14 한빛그린빌라 2차 102호

갑구에는 소유권에 관한 사항이 기재되고 (가)압류, 가처분, (임의, 강제)경매개시결정 등이 기재가 됩니다.

알겠습니다.

다시 말하자면 갑구에는 소유자의 권리에 변동이 생기는 내용이 기재됩니다.

에구 이건 알고 있는데…

【 을 구 】			(소유권 이외의 권리에 관한 사항)	
순위번호	등 기 목 적	접 수	등 기 원 인	권리자 및 기타사항

1	근저당권설정	2018년3월16일
		제25974호
			2018년1월26일
			설정계약
				채권최고액 금60,500,000원
				채무자 최■락
				  서울특별시 강동구 고덕로97길 20,1010동
				  801호(강일동,강일리버파크)
				근저당권자 주식회사국민은행 110111-2365321
				  서울특별시 중구 남대문로 84(을지로2가)
				  (민락동지점)

2	근저당권설정	2018년3월16일
		제25975호
			2018년1월26일
			설정계약
				채권최고액 금116,600,000원
				채무자 최■락
				  서울특별시 강동구 고덕로97길 20,1010동
				  801호(강일동,강일리버파크)
				근저당권자 주식회사국민은행 110111-2365321
				  서울특별시 중구 남대문로 84(을지로2가)
				  (민락동지점)

자! 을구를 보면 소유권 이외의 권리에 관한 사항이 기재됩니다.

지상권이나 주택임차권 등도 을구에 기재되죠?

그렇습니다. 을구에 기재되는 것은 소유권에는 관여 할 수 없지만 소유자의 재산권에 일정 부분 관여를 한다고 할 수 있죠.

알겠습니다.

03

권리의 순위

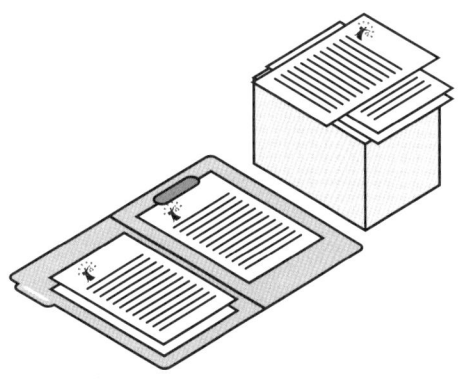

```
              근저당(A)                          근저당(C)
              2018.07.05.                       2019.08.06.
─────────────┼─────────────────┼───────────────┼─────────────
  소유자(甲)                  2018.07.24.
                               근저당(B)
```

【 표 제 부 】		(토지의 표시)			
표시번호	접 수	소 재 지 번	지 목	면 적	등기원인 및 기타사항
~~1~~ ~~(전 2)~~	~~1994년3월12일~~	~~경기도 양주군 은현면 하패리 170~~	~~전~~	~~6592㎡~~	
					부동산등기법시행규칙부칙 제3조 제1항의 규정에 의하여 1999년 01월 00일 전산이기
2		경기도 양주시 은현면 하패리 170	전	6592㎡	2003년10월19일 행정구역명칭변경으로 인하여 2003년10월22일 등기

【 갑 구 】		(소유권에 관한 사항)		
순위번호	등 기 목 적	접 수	등 기 원 인	권리자 및 기타사항
1 (전 2)	공유자전원지분전부 이전	1994년3월12일 제10999호	1957년3월11일 증여	소유자 남양홍씨예조참의시익공파종회 368111-3131648 양주군 은현면 하패리 15 ~~대표자 홍■완 311208-*******~~ ~~동두천시 송내동 521~~ 법률 제4502호에 의함
				부동산등기법시행규칙부칙 제3조 제1항의 규정에 의하여 1999년 01월 00일 전산이기
1-1	1번등기명의인표시 변경	2001년10월22일 제91770호	2001년10월17일 대표자변경	~~홍■원의 성명(명칭) 홍■가~~ ~~등록번호 380225-*******~~

【 을 구 】		(소유권 이외의 권리에 관한 사항)		
순위번호	등 기 목 적	접 수	등 기 원 인	권리자 및 기타사항
1	근저당권설정	2015년1월27일 제7686호	2015년1월27일 설정계약	채권최고액 금546,000,000원 채무자 홍■윤 경기도 동두천시 강변로664번길 45,104동 1204호(동두천동,신창비바패밀리아파트) 근저당권자 양주지역산림조합 111539-0000873 경기도 의정부시 평화로 675 (가능동) 공동담보 토지 경기도 양주시 은현면 하패리 122
2	지상권설정	2015년1월27일 제7600호	2015년1월27일 설정계약	목 적 건물 기타 공작물이나 수목의 소유 범 위 토지전부 존속기간 2015년 1월 27일부터 30년 지 료 없음

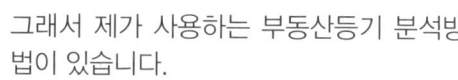

등기분석표

갑 구			을 구		
순위	일자	권리자 및 기타사항	순위	일자	권리자 및 기타사항
1	2009.10.20.	소유자 김갑동			
2	2013.05.15	소유자 강한남			
			~~1~~	~~2014.09.10.~~	~~근저당 5천만 (국민은행)~~
			2	2015.10.23.	근저당 4천만 (새마을)
~~3~~	~~2015.11.12.~~	~~가압류 3천만 (홍길동)~~			
			3	2015.11.05.	1번 근저당권 말소
4	2016.11.07.	3번 가압류 말소			
			4	2017.03.25.	근저당 5천만 (새마을)
5	2018.11.16.	소유권이전청구권가등기 (성춘향)			
6	2019.08.08.	소유자 (성춘향)			

등기분석표

갑 구

순위	일 자	권리자 및 기타사항
1	2009.10.20.	소유자 김갑동
2	2013.05.15	소유자 강한남
~~3~~	~~2015.11.12.~~	~~가압류 3천만 (홍길동)~~
4	2016.11.07.	3번 가압류 말소
5	2018.11.16.	소유권이전청구권가등기 (성춘향)
6	2019.08.08.	소유자 (성춘향)

을 구

순위	일 자	권리자 및 기타사항
~~1~~	~~2014.09.10.~~	~~근저당 5천만 (국민은행)~~
2	2015.10.23.	근저당 4천만 (새마을)
3	2015.11.05.	1번 근저당권 말소
4	2017.03.25.	근저당 5천만 (새마을)

등기분석표

갑 구			을 구		
순위	일자	권리자 및 기타사항	순위	일자	권리자 및 기타사항
1	2016.07.23. 제6534호	소유자 김갑동			
2	2018.11.10. 제8534호	소유자 홍길동			
			1	2018.11.10. 제8535호	근저당 5천만 (국민은행)

자! 2018.11.10.에 홍길동이 김갑동에게서 등기이전을 하면서 근저당권을 설정했습니다.

소유권이전과 근저당권 설정을 동시에 했군요.

그렇습니다. 동일한 날에 설정을 했을 경우에는 접수번호에 따라 권리의 순위를 정하는 거죠.

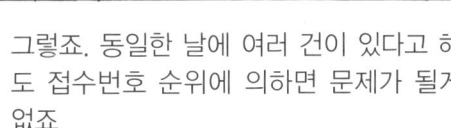

접수번호에 의하면 권리순위가 명확해지는군요?

그렇습니다. 그래서 등기분석표에서도 동일한 날에 했어도 접수번호 순으로 분석을 한 거죠.

그럼 동일한 날에 여러 건이 있다고 해도…

그렇죠. 동일한 날에 여러 건이 있다고 해도 접수번호 순위에 의하면 문제가 될게 없죠.

그렇군요…

04

등기신청의 접수시기 및 효력발생시기

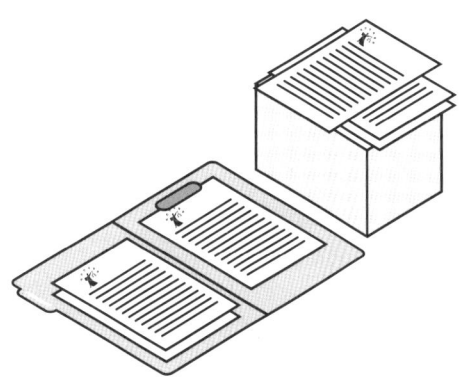

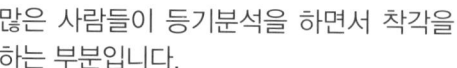

【 갑　　　구 】		(소유권에 관한 사항)		
순위번호	등 기 목 적	접　수	등 기 원 인	권리자 및 기타사항
1 (전 2)	소유권이전	1996년 10월 16일 제4154호	1996년 6월 10일 매매	소유자 조■영 660425-******* 평택시 지산동 1093 한양청솔아파트 5동 205호
				부동산등기법 제177조의 6 제1항의 규정에 의하여 2001년 11월 14일 전산이기

평택2계 2015 타경 2247 주택

사건내용

소 재 지	경기 안성시 죽산면 두교리 203-2 [일괄]205-, (17524)경기 안성시 죽산면개좌길 30-8				
경매구분	강제경매	채 권 자	시OOOO		
용 도	주택	채무/소유자	임OO	매각기일	15.11.02 (131,070,000원)
감 정 가	157,192,000 (15.03.06)	청 구 액	11,000,000	종국결과	16.01.21 배당종결
최 저 가	110,034,000 (70%)	토지면적	770.0㎡ (232.9평)	경매개시일	15.02.25
입찰보증금	11,003,400 (10%)	건물면적	전체 192.5㎡ (58.2평) 제시외 104.5㎡ (31.6평)	배당종기일	15.05.18

부동산등기

순위번호	등기목적	접 수	등기원인	권리자 및 기타사항
14	소유권이전	2015년12월16일 제52340호	2015년12월16일 강제경매로 인한 매각	소유자 박*선 480201-******* 경기도 평택시 통복시장로 10-*(통복동)

자! 이 물건은 2015.11.02.에 낙찰을 받아 2015.12.16.에 등기한 내용입니다.

매각대금을 12. 16.에 완납했군요…

보통 부동산경매에서는 매각대금을 완납한 날짜에 소유권이전등기를 하지만 그렇지 않은 경우도 있습니다.

낙찰 받은 사람들의 사정이 있겠죠.

엥! 왜요?

그래도 문제가 안되나요?

순위번호	등기목적	접 수	등기원인	권리자 및 기타사항
14	소유권이전	2017년10월5일 제78530호	2017년7월10일 임의경매로 인한 매각	소유자 乙 480201-****** 경기도 평택시 통복시장로 10-*(통복동)

여기서 보면 등기원인에 잔금납입을 한 날짜가 2017.7.10.이고, 등기접수는 2017.10.5.입니다.

일반매매라면 등기접수일인 2017. 10. 5. 이지만 경매는 잔금납입일인 2017. 7. 10. 이군요.

그렇습니다. 그러므로 이런 차이점을 잘 알고 계셔야 합니다.

05
부기등기의 순위

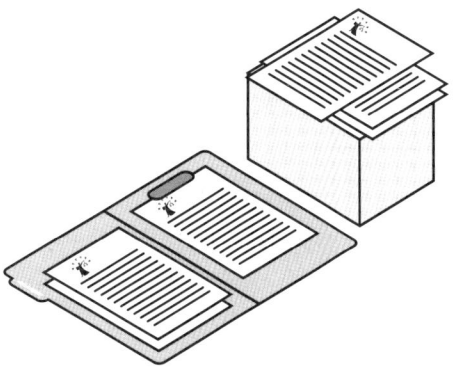

부동산등기법 제52조
(부기로 하는 등기)

1. 등기명의인표시의 변경이나 경정의 등기
2. 소유권 외의 권리의 이전등기
3. 소유권 외의 권리를 목적으로 하는 권리에 관한 등기
4. 소유권 외의 권리에 대한 처분제한 등기
5. 권리의 변경이나 경정의 등기
6. 제53조의 환매특약등기
7. 제54조의 권리소멸 약정등기
8. 제67조 제1항 후단의 공유물 분할금지의 약정등기
9. 그 밖에 대법원 규칙으로 정하는 등기

순위번호	등기목적	접 수	등기원인	권리자 및 기타사항
3	소유권이전 甲	2004년2월12일 제2442호	2004년1월5일 매매	소유자 甲 590505 - ****** 남양주시 진건읍 신월리 544-30
4	소유권이전 乙	2018년9월15일 제33527호	2018년9월10일 임의경매로 인한 매각	소유자 乙 791224 - ****** 서울특별시 동대문구 장안동 99-17
4-1	4번등기명의인 표시변경	2019년9월30일 제39878호	2018년10월8일 전거	乙의 주소 서울특별시 성동구 사근동 568

자! 위의 등기는 법52조에서 말하는 "1. 등기명의인표시의 변경이나 경정의 등기"와 관련된 내용입니다.

아하! 소유자가 주소를 이전한 경우군요.

그렇습니다. 소유권은 변동이 없는데 주소만 변경된 경우죠.

이런 경우 부기등기를 하는군요…

자! 부동산등기법 제5조에서 "부기등기의 순위"가 나옵니다.

부기등기의 순위는 주등기의 순위에 따르고 같은 주등기에 관한 부기등기 상호간의 순위는 그 등기순서에 따른다고 했는데…

그렇게 말하면 이해하기가 힘들 겁니다.

ㅋㅋ 그래서 교수님이 설명을…

순위번호	등기목적	접 수	등기원인	권리자 및 기타사항
3	소유권이전 甲	2004년2월12일 제2442호	2004년1월5일 매매	소유자 甲 590505 – ******* 남양주시 진건읍 신월리 544-30
4	소유권이전 乙	2018년9월15일 제33527호	2018년9월10일 임의경매로 인한 매각	소유자 乙 791224 – ******* ~~서울특별시 동대문구 장안동 99-17~~
4-1	4번등기명의인 표시변경	2019년9월30일 제39878호	2018년10월8일 전거	乙의 주소 서울특별시 성동구 사근동 568
5	소유권이전 청구권가등기	2019년1월20일 제17165호	2019년1월20일 매매예약	~~가등기권자 강*헌 641019 – *******~~ ~~서울특별시 강동구 상암로 251~~
5-1	5번소유권이전 청구권의이전	2019년5월15일 제28653호	2019년5월14일 양도	~~가등기권자 유*희 591202 – *******~~ ~~인천광역시 연수구 송도동 3-4~~
5-2	5번소유권이전 청구권의이전	2019년7월20일 제35432호	2019년7월15일 양도	가등기권자 홍*동 751223 – *******
6	소유권이전 丙	2019년2월23일 제19465호	2019년2월20일 매매	소유자 丙 920528 – ******* 서울시 강남구 역삼동 279

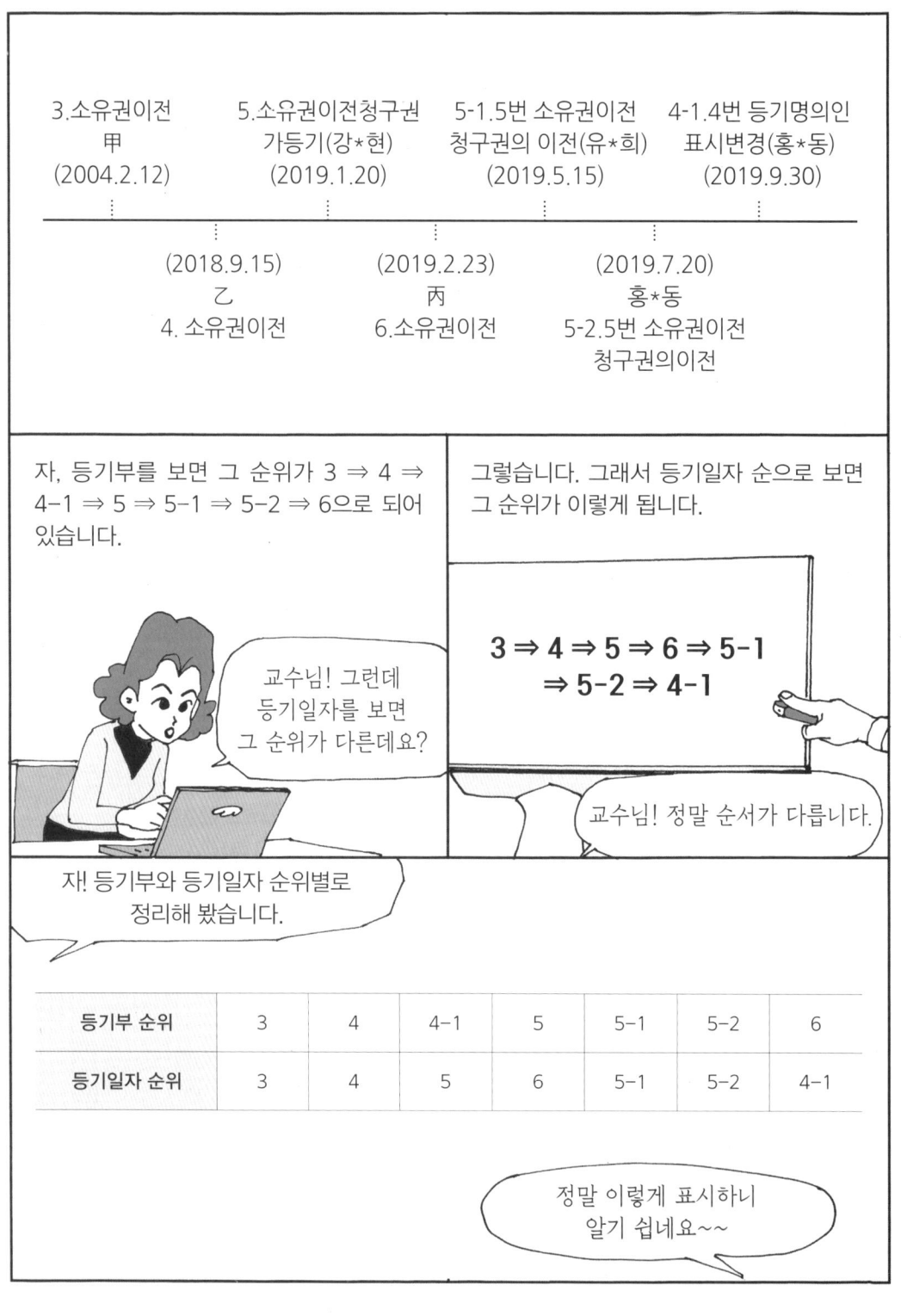

자! 이제 분석을 해보겠습니다. 	앞에서 부기등기의 순위는 주등기의 순위에 따른다고 했습니다. 
등기일자 순위는 5 ⇒ 6 ⇒ 5-1 ⇒ 5-2 이지만, 부기등기는 주등기의 순위에 따른다고 했습니다. 	그렇습니다. 비록 5-1, 5-2번의 부기등기가 6번 등기보다 등기일자가 늦다고 해도 주등기의 순위에 따르니까 그 순위가 앞서는 겁니다. 
비록 5-2번의 부기등기가 6번 소유권이전등기보다 늦다고 해도 주등기의 순위를 따르니까 앞서게 됩니다. 	물론 본등기를 하면 6번 소유권이전등기는 직권말소가 됩니다. 

06

변경등기와
멸실등기의 신청

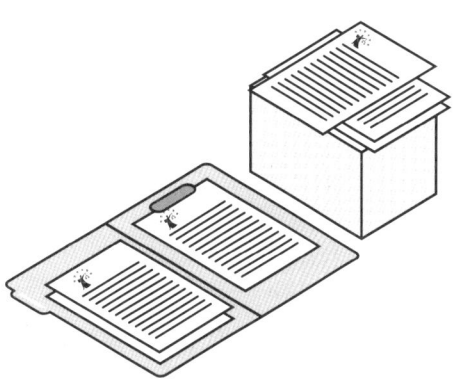

등기는 신청주의라는 말을 알고 있는지 모르겠습니다. 	부동산등기법 제22조에는 "등기는 당사자의 신청 또는 관공서의 촉탁에 따라 한다."라고 되어 있습니다.
그렇습니다. 등기는 원칙적으로 당사자의 신청에 의합니다. 	예. 제35조와 제43조에서는 "토지의 분할, 합병이 있는 경우와 건물이 멸실된 경우에는 등기명의인은 1개월 이내에 그 등기를 신청하여야 한다."라고 되어 있습니다. 
예전에는 건물에 대해서는 과태료가 있었는데 현재는 과태료 규정이 없어졌습니다. 	이상과 같이 토지의 변경등기와 멸실등기는 별로 중요한 내용이 없습니다. 

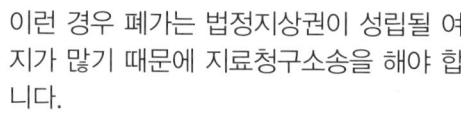

MEMO

07

경정등기와 유루발견

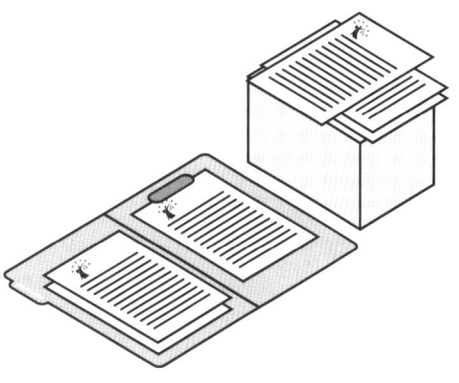

자! 이제 경정등기와 유루발견이라는 것에 대해 알아보겠습니다.

경정등기는 자주 봤는데 유루발견은…?

"경정등기절차에 관한 업무처리지침"에서 보면 경정등기는 원시적 착오 또는 유루가 있는 경우에 할 수 있다고 합니다.

교수님! 너무 형식적으로 말씀하시는 것 같은데요~~

일단 지침에는 그렇게 나와 있고, 경정등기는 등기완료 후에 발생한 사유에 의해서는 할 수 없다고 하고 있습니다.

어휴! 교수님 조금 쉽게 말씀하시면…

에~ 경정등기란 등기가 완료된 후에 등기 실행 당시부터 그 등기 일부가 실체관계와 부합하지 않는 것을 발견한 경우에 이를 시정하는 등기를 말하죠.

이제 조금 알 거 같아요~~

유루(遺漏)란 국어사전에서 보면 "빠지거나 새어나감"이라고 나와 있는데 지침에는 "당초의 등기절차에 신청의 착오나 등기관의 과오가 있어 등기와 실체가 불일치하는 경우"라고 되어 있죠.

교수님! 사례를 하나 보여주시면 …

알겠습니다. 그럼 실제로 등기에는 어떻게 되어 있는지를 먼저 보죠.

알겠습니다.

【 갑 　 　 구 】			(소유권에 관한 사항)	
순위번호	등 기 목 적	접　수	등 기 원 인	권 리 자 및 기 타 사 항
1	소유권보존	2006년3월3일 제14840호		소유자 임■숙 520618-2****** 　서울 강남구 청담동 134-18 삼익아파트 12-1203
1-1	1번소유권경정		2006년5월8일 유루발견	등기원인 가압류 등기의 촉탁으로 인하여 직권경정 2006년5월8일 등기
2	가압류	2006년3월3일 제14840호	2006년2월28일 서울중앙지방법원의 가압류 결정(2006카단10567)	청구금액 금1,300,000,000원 채권자 배■만 　서울 서대문구 홍제동 157-3 홍제크린빌

【 갑　　　　구 】				(소유권에 관한 사항)
순위번호	등 기 목 적	접　　　수	등 기 원 인	권 리 자 및 기 타 사 항
1	소유권보존	2006년3월3일 제14840호		소유자 임○숙 520618-2※※※※※ 서울 강남구 청담동 134-18 삼악아파트 12-1203
2	가압류	2006년3월3일 제14840호	2006년2월28일 서울중앙지방법원의 가압류 결정(2006카단1056)	청구금액 금1,300,000,000원 채권자 배○만 서울 서대문구 홍제동 157-3 홍제그린빌

당초에는 이렇게 등기가 되었겠죠.

이렇게 보니까 확실히 알겠네요~~

즉, 소유권보존등기를 2006.3.3.에, 순위번호 2에 가압류를 2006.3.3.에 했습니다.

그런 다음 2006. 5. 8.에 잘못된 점을 발견했네요?

그렇습니다. 2006. 5. 8.에 소유권경정등기를 했으므로 순위번호 2의 가압류등기 보다 늦지만…

그런데 순위번호 1-1의 부기등기가 순위번호 2의 가압류등기보다 위에 있는데요?

그렇습니다. 경정등기는 원칙적으로 부기등기에 의하므로 기존등기에 대한 경정의 효과는 등기 시로 소급하여 발생합니다.

아하! 그래서 부기등기가 늦더라도 소급하니까…

또한 경정등기는 말소등기나 변경등기와는 구별됩니다.	경정등기는 등기사항의 일부가 등기 당시부터 착오 또는 유루가 있어 그 등기가 원시적으로 일치하지 아니하는 경우에 이를 시정하기 위하여 기존등기의 해당부분을 정정 또는 보충하여 실체관계에 맞도록 등기사항을 변경하는 것을 말합니다.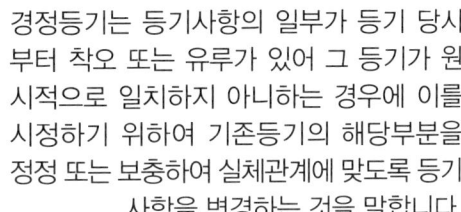
말소등기는 원시적 또는 후발적 이유에 의하여 기존 등기사항 전부가 부적법하여 그 전부를 말소시키는 것을 말합니다.	변경등기는 실체관계와 등기의 불일치 사유가 원시적이라는 점에서 후발적 사유를 원인으로 하는 것을 말합니다.
경정등기, 말소등기, 변경등기가 이렇다는 것만 알고 가시면 됩니다.	자! 이제 경등정기가 실전에서 어떻게 행해지는지 "부동산등기기재례집"에서 몇 가지 사례를 보기로 하죠.

1. 단독소유를 공유로 경정

【 갑　　　구 】			(소유권에 관한 사항)	
순위번호	등기목적	접　수	등 기 원 인	권리자 및 기타사항
1	소유권보존	2003년2월3일 제2062호		~~소유자 김갑동 420125-*******~~ ~~서울시 서대문구 홍제동 2~~
1-1	1번소유권경정	2003년3월5일 제3005호	신청착오 (착오발견)	공유자 지분 4분의3 　김갑동 420125-******* 　　서울시 서대문구 홍제동 2 지분 4분의1 　김을동 471025-******* 　　서울시 은평구 불광동 2

2. 공유를 단독소유로 경정

【 갑　　　구 】			(소유권에 관한 사항)	
순위번호	등기목적	접　수	등 기 원 인	권리자 및 기타사항
1	소유권보존	2003년2월3일 제2062호		~~공유자~~ ~~지분 4분의3~~ ~~김갑동 420125-*******~~ ~~서울시 서대문구 홍제동 2~~ ~~지분 4분의1~~ ~~김을동 471025-*******~~ ~~서울시 은평구 불광동 2~~
1-1	1번소유권경정	2003년3월5일 제3005호	신청착오 (착오발견)	소유자 김갑동 420125-******* 서울시 서대문구 홍제동 2

3. 등기원인 경정

【 갑　　　구 】			(소유권에 관한 사항)	
순위번호	등기목적	접　수	등 기 원 인	권리자 및 기타사항
2	소유권이전	2003년2월1일 매매	2003년2월1일 ~~매매~~	소유자 김갑동 420125-******* 서울시 서대문구 홍제동 2
2-1	2번소유권경정	2003년6월1일 제3005호	신청착오	등기원인 교환

08
등기사항의 열람방법

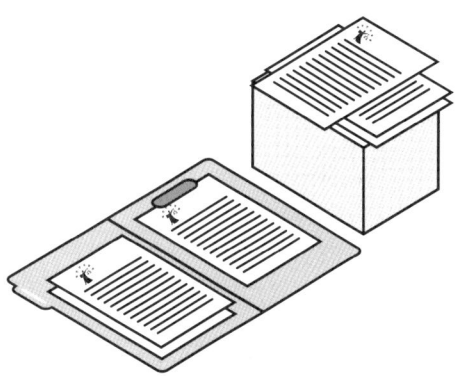

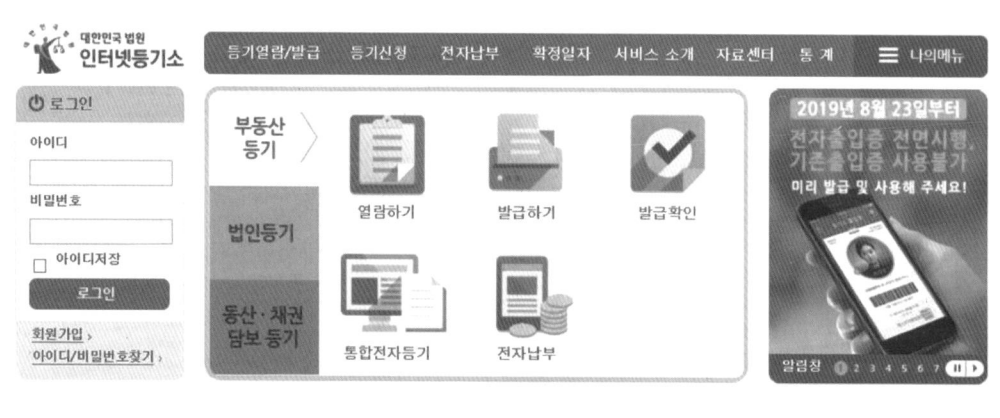

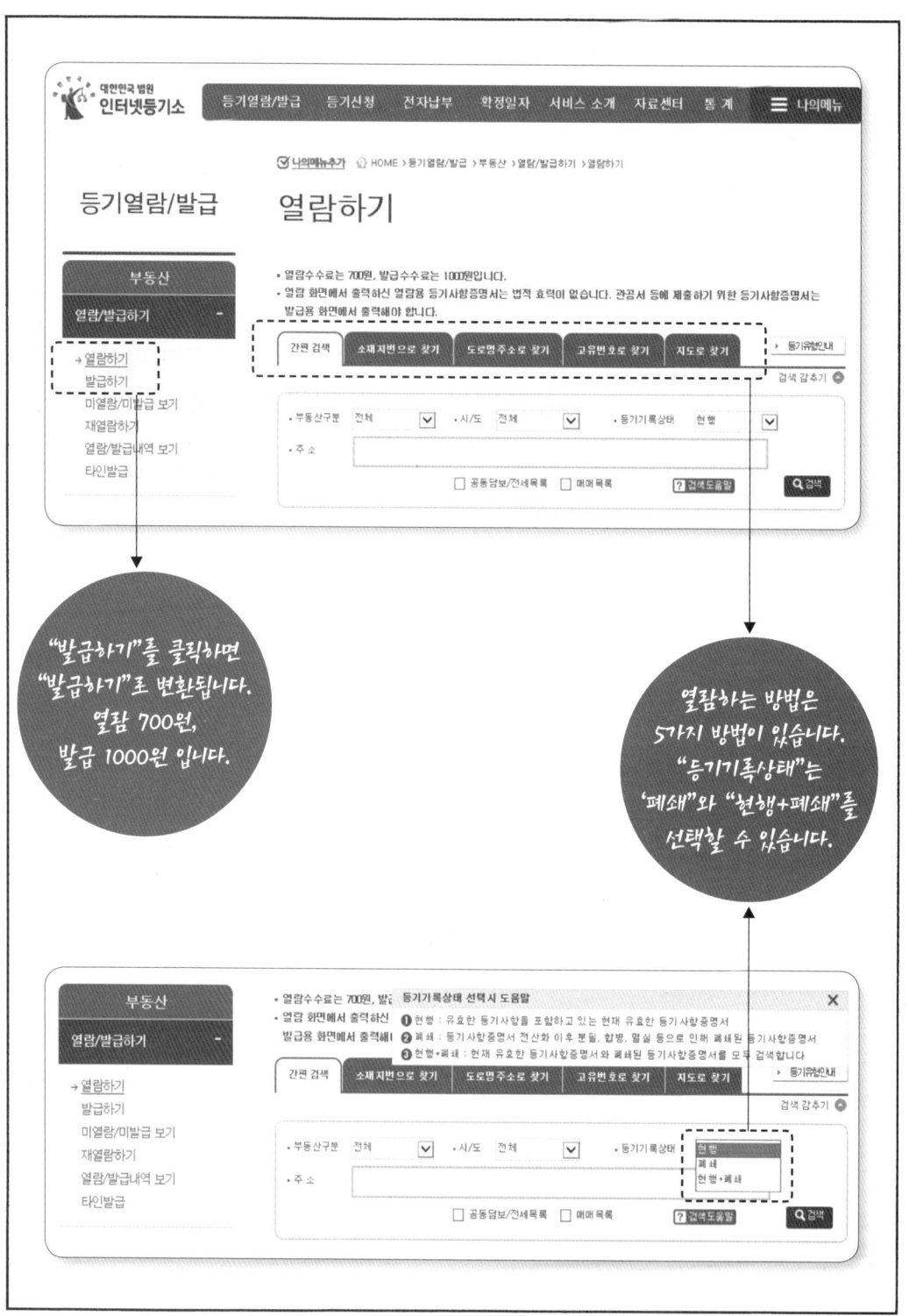

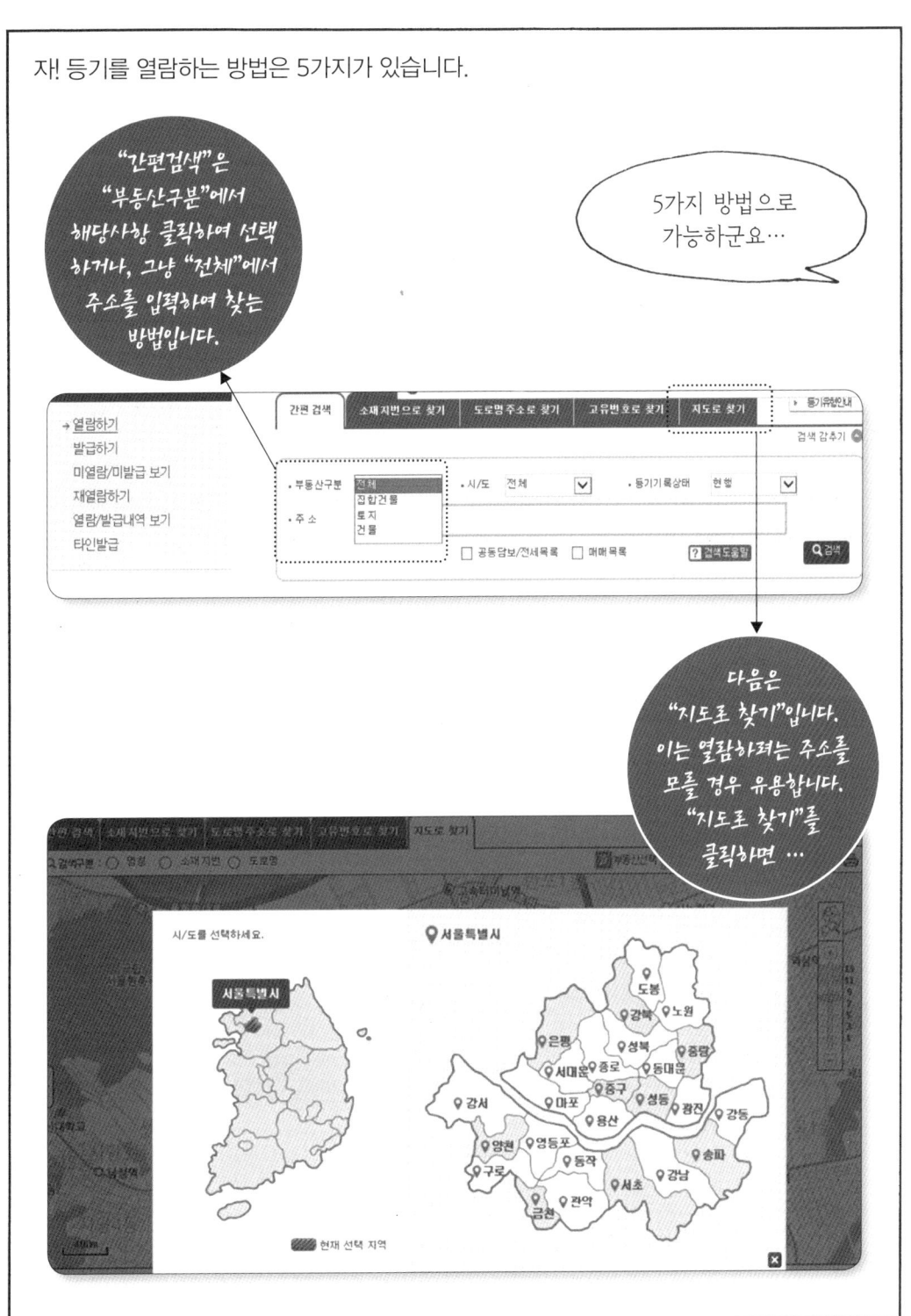

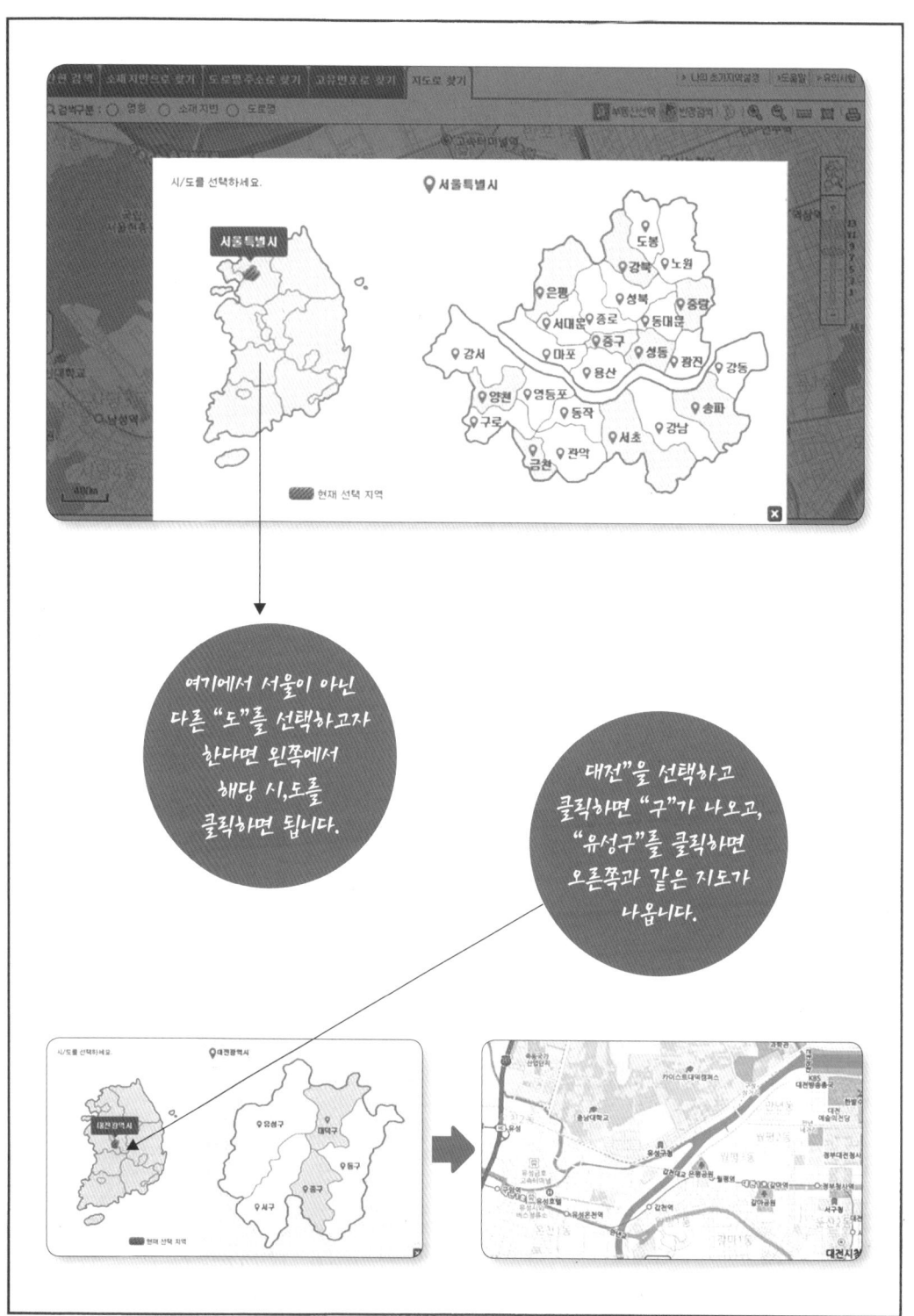

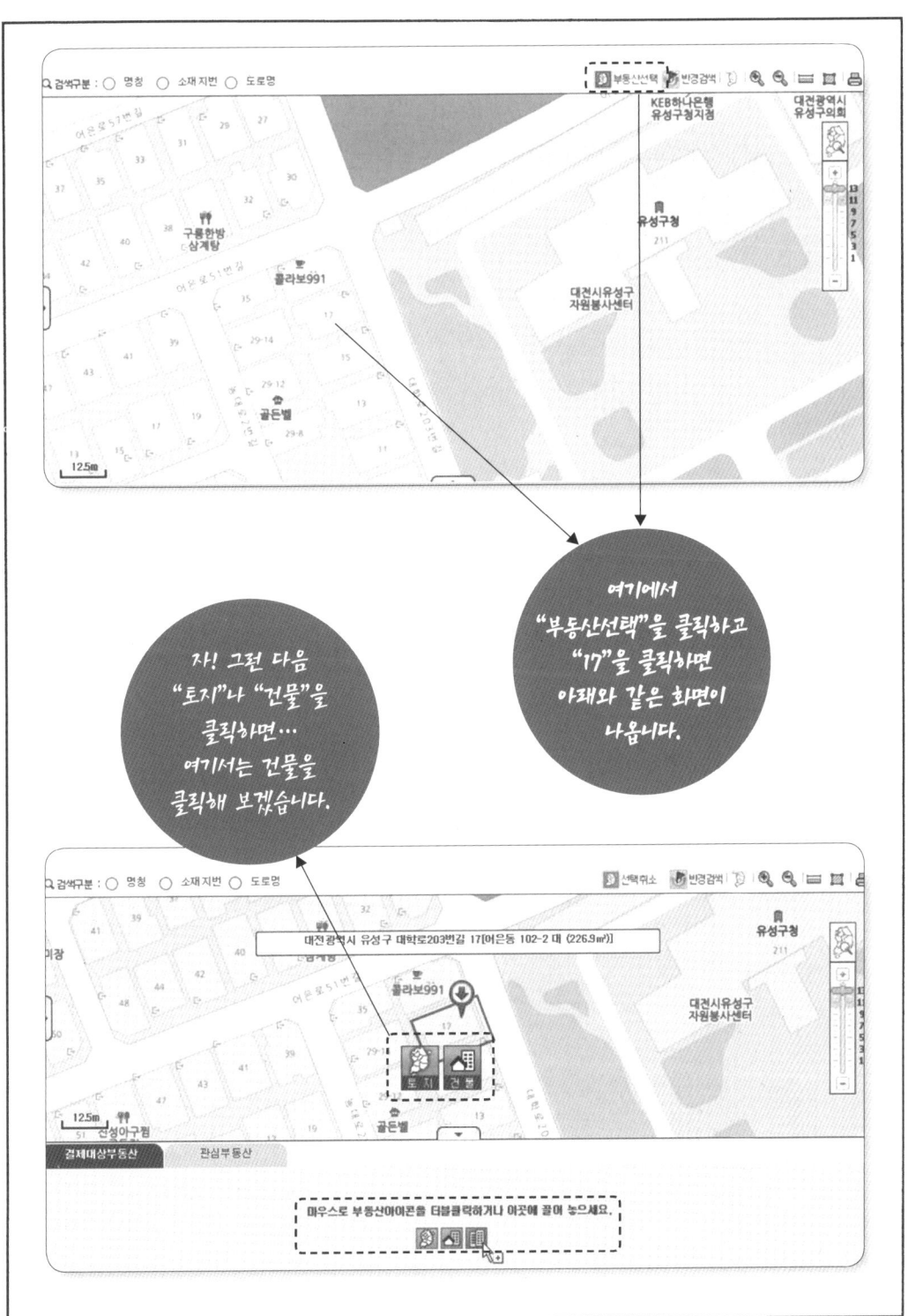

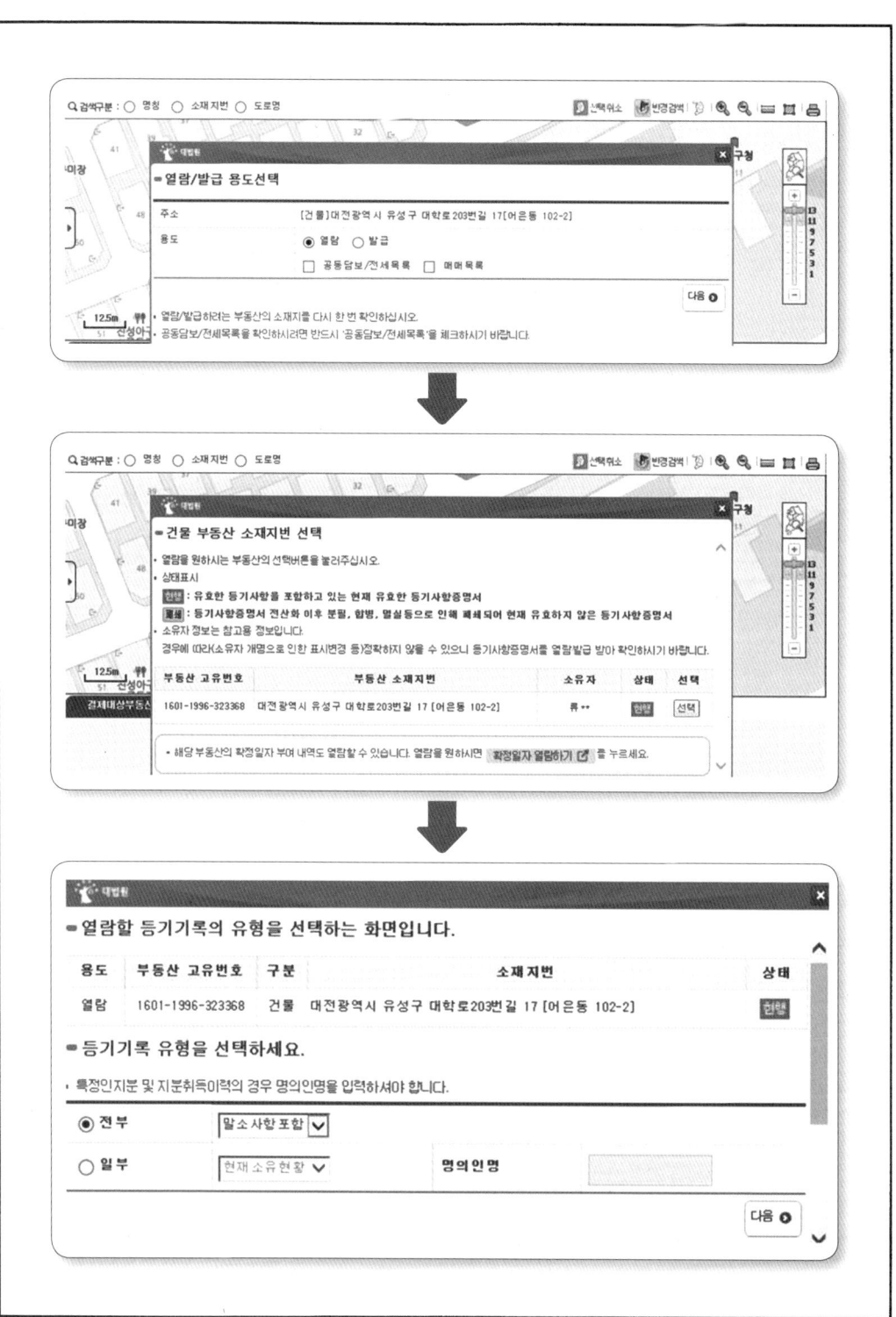

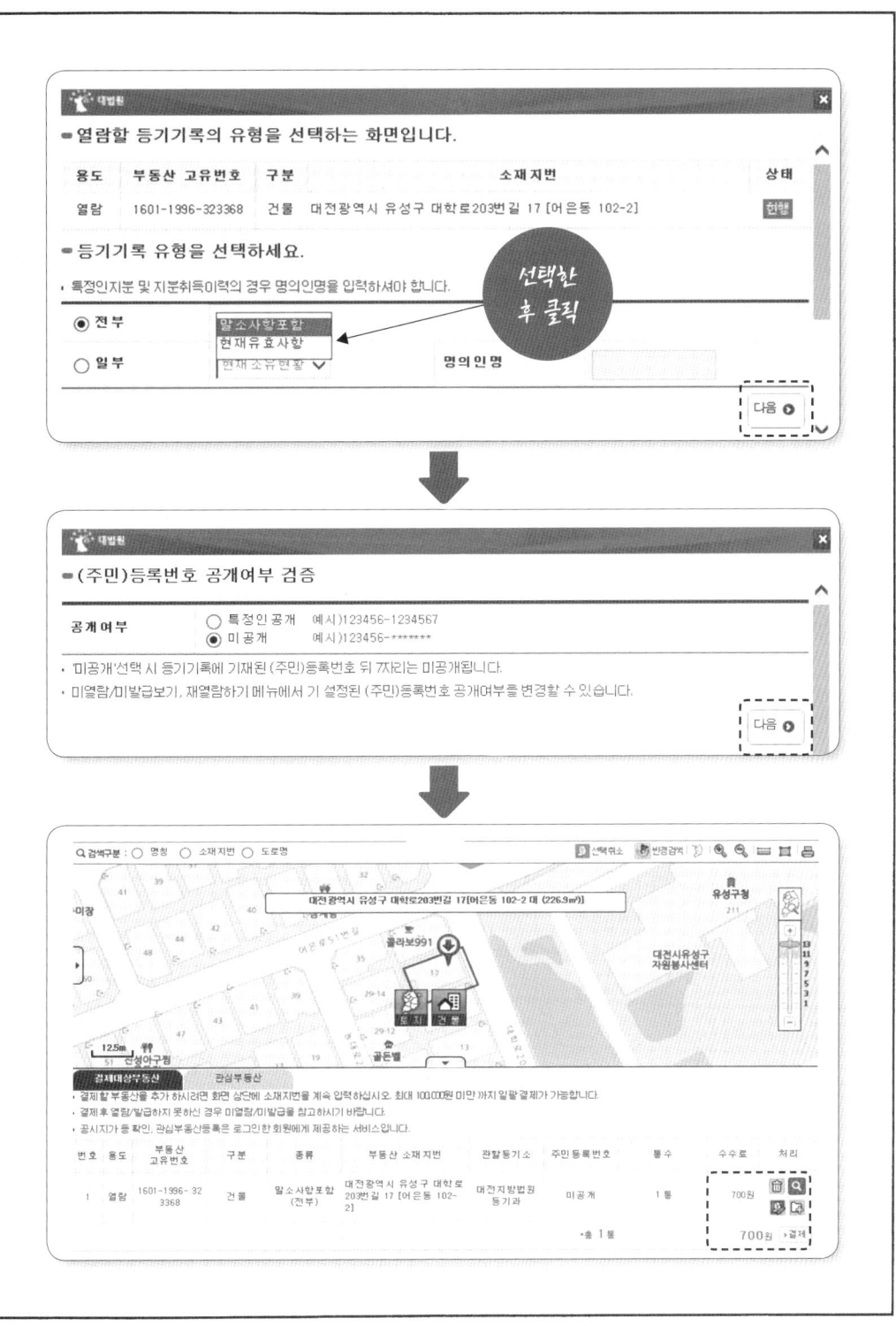

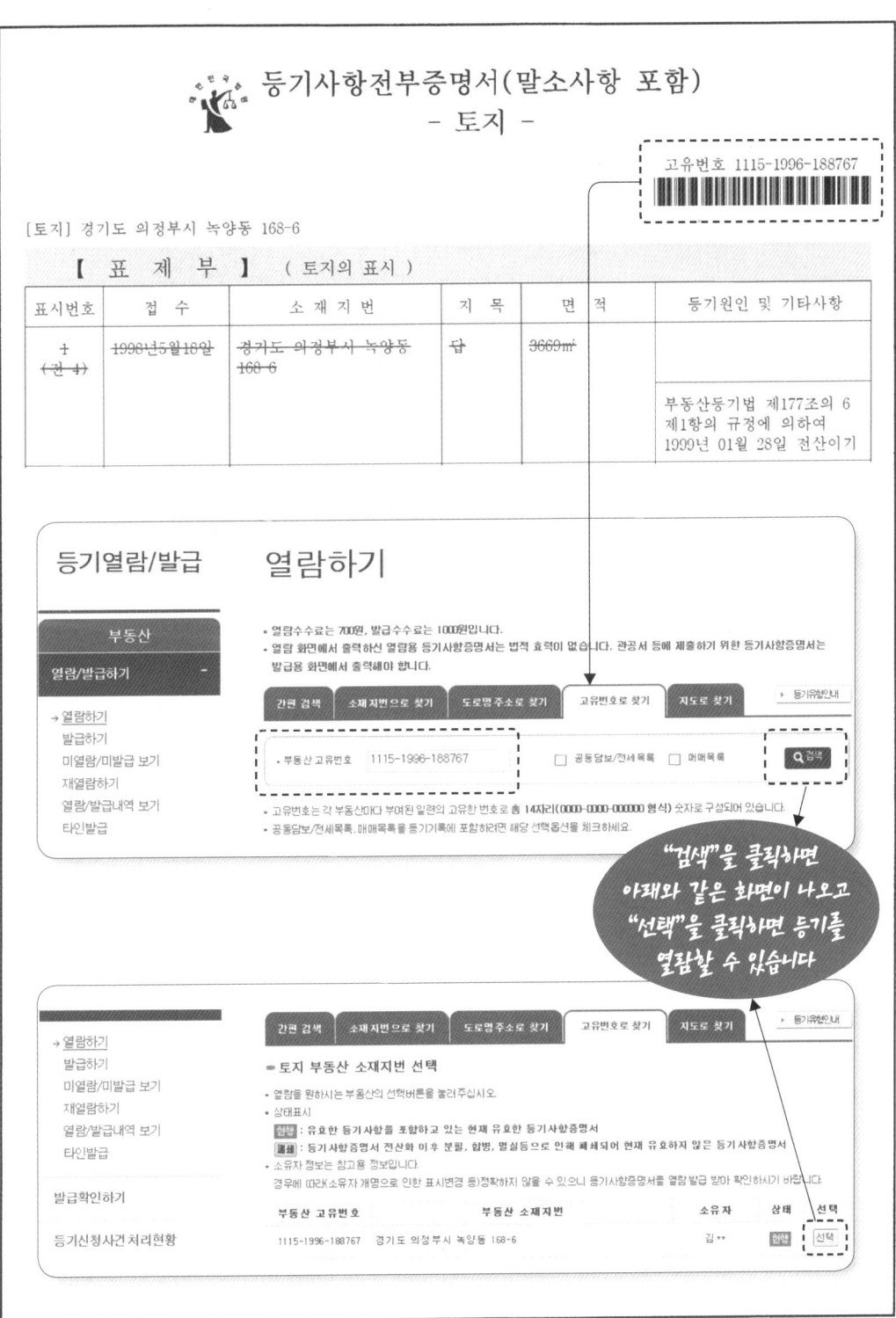

09

폐쇄등기부 열람 및 분석의 필요성

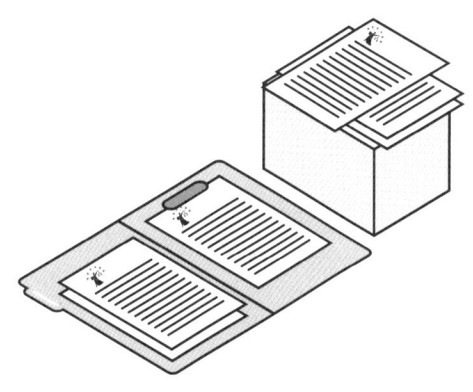

아마 한번쯤은 들어봤을 겁니다.

그것부터 알려주시면…

먼저 부동산 거래를 할 때 우린 뭘 보고 거래를 하나요?

등기권리증이나 부동산등기요…

그렇습니다. 그러나 이것이 절대적인 것은 아니죠…

그럼 어떤 것을 봐야 안심할 수 있는지…?

앞에서 등기의 공시력과 공신력을 말했죠?

그런데 아직 설명은 안하셨는데…

등기의 공시력 (公示力)

공시력은 부동산의 권리관계 변동을 외부에서 알 수 있도록 등재 또는 등기를 갖추어야 한다는 것이 공시의 원칙임.

등기의 공신력 (公信力)

등기의 공신력이란 외형의 사실을 믿고 거래한 사람을 보호하는 공적인 신용의 힘을 말함. 실제로는 아무런 권리관계가 없으나 있는 것으로 보이는 외형적 사실을 믿고 거래한 사람을 보호하기 위하여 권리관계가 있는 것과 같은 법률효과를 부여하는 효력.

자! 여기에서 소유자 乙이 소유자 甲의 인감을 도용해서 소유권을 이전했다고 가정합니다. "헐~ 그런 다음 근저당권을 설정하고요."	그런 다음 대출금을 상환하지 않아 임의경매가 진행되었고, 丙이 낙찰을 받아 소유권을 이전했습니다. "아하! 이런 가정 하에 생각하자는 거죠?"
그렇습니다. 실제로도 이런 경우를 볼 수 있습니다. "뉴스에서도 나오던데요~~"	이와 같은 경우 공시력을 적용하는 경우와, 공신력을 적용하는 경우에 대하여 알아 보겠습니다. "ㅋㅋ 교수님! 너무 궁금합니다~~"
먼저 등기의 공시력만 인정하는 경우를 보겠습니다. "우리나라는 등기의 공시력만 인정하죠?"	그렇습니다. 등기의 공신력은 인정하지 않습니다. "빨리 말씀해 주세요~~"

❾ 폐쇄등기부 열람 및 분석의 필요성

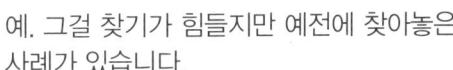

등기사항전부증명서(말소사항 포함)
- 토지 -

고유번호 2041-1996-057136

[토지] 광주광역시 서구 마륵동 166-10

【 표 제 부 】 (토지의 표시)

표시번호	접 수	소재지번	지목	면 적	등기원인 및 기타사항
~~1~~ (전 2)	~~1996년5월26일~~	~~광주광역시 서구 마륵동 166-10~~	~~답~~	~~917평~~	
					부동산등기법시행규칙부칙 제3조 제1항의 규정에 의하여 1998년 08월 21일 전산이기
2		광주광역시 서구 마륵동 166-10	답	3031㎡	면적단위환산으로 인하여 2006년10월11일 등기

【 갑 구 】 (소유권에 관한 사항)

순위번호	등기목적	접 수	등기원인	권리자 및 기타사항
1 (전 1)	소유권이전	1974년7월2일 제4807호	1971년2월5일 매매	소유자 김■임 광주시 쌍촌동 270-17
				부동산등기법시행규칙부칙 제3조 제1항의 규정에 의하여 1998년 08월 21일 전산이기
1-1	1번등기명의인표시변경	2007년3월16일 제48176호	2007년3월16일 주민등록번호추가	김■임의 등록번호 330730-******
1-2	1번등기명의인표시변경	2007년3월16일 제48177호	2003년8월25일 전거	김■임의 주소 광주 북구 동림동 1161-1 푸른마을주공4단지아파트 414-1402
~~2~~	~~소유권이전~~	~~2006년10월11일 제202584호~~	~~2006년9월15일 매매~~	~~소유자 박■오 560916-******~~ ~~광주 동구 수기동 81 4층~~ ~~거래가액 금757,000,000원~~
~~3~~	~~가처분~~	~~2006년10월30일~~	~~2006년10월25일~~	~~피보전권리 소유권이전등기말소등기 청구권~~

정당한 소유자가 "순위번호 1"의 김*임이나
"순위번호 2"의 박*오가 부당하게 등기이전을
했습니다.

순위번호	등기목적	접수	등기원인	권리자 및 기타사항
		제216170호	광주지방법원의 가처분결정(2006카단14692)	채권자 김⬛남 광주 북구 동림동 1161-1 푸른마을주공4단지아파트 414-1402 금지사항 매매, 증여, 전세권, 저당권, 임차권의 설정 기타일체의 처분행위 금지
4	2번소유권말소예고등기	2006년10월30일 제216215호	2006년10월25일 광주지방법원의 소제기(2006가합9752)	
5	3번가처분, 4번말소예고등기 등기말소			2번 소유권이전등기말소로 인하여 2007년3월15일 등기
6	2번소유권이전등기 말소	2007년3월15일 제47312호	2007년2월13일 광주지방법원의 확정판결	

【 을 구 】 (소유권 이외의 권리에 관한 사항)

순위번호	등기목적	접수	등기원인	권리자 및 기타사항
1	근저당권설정	2006년10월13일 제204533호	2006년10월13일 설정계약	채권최고액 금390,000,000원 채무자 박⬛오 광주 동구 수기동 81-4층 근저당권자 송정농업협동조합 204236-0000146 광주 광산구 송정동 791-7 (우산지점)
2	지상권설정	2006년10월13일 제204534호	2006년10월13일 설정계약	목 적 건물 기타 공작물이나 수목의 소유 범 위 토지전부 존속기간 2006년 10월 13일부터 만 30년으로 한다 지 료 무료 지상권자 송정농업협동조합 204236-0000146 광주 광산구 송정동 791-7 (우산지점)
3	근저당권설정	2006년10월16일 제205000호	2006년10월16일 설정계약	채권최고액 금200,000,000원 채무자 박⬛오

갑구 "순위번호 2"의 소유권은 소유권이 말소가 되도
"붉은 줄"로 표시되지 않지만 당초부터 원인이 없는
등기라 "붉은 줄"로 그어져 있습니다.

순위번호	등기목적	접수	등기원인	권리자 및 기타사항
				광주 동구 수기동 61 4층 근저당권자 송정농업협동조합 204236-0000146 광주 광산구 송정동 791-7 (우산지점)
4	1번근저당권설정등기말소	2007년3월15일 제47313호	2007년2월13일 광주지방법원의 확정판결	
5	3번근저당권설정등기말소	2007년3월15일 제47314호	2007년2월13일 광주지방법원의 확정판결	
6	2번지상권설정등기말소	2007년3월15일 제47315호	2007년2월13일 광주지방법원의 확정판결	

자! 이렇게 등기를 봤으니까 실소유자 김*임이
어떻게 소송을 진행했는지 보겠습니다.

사건일반내용   사건진행내용   인쇄하기   나의 사건 검색하기

, 사건번호 : 광주지방법원 2006카단14602

기본내용   청사배치

사건번호	2006카단14602	사건명	부동산처분금지가처분
채권자	김■님	채무자	박■오
제3채무자		청구금액	757,750,000원
재판부	23단독	담보내용	90,000,000원
접수일	2006.10.18	종국결과	2006.10.25 인용
수리구분		병합구분	없음
기록보존인계일	2007.02.20		
항고인		항고일	
항고신청결과		해제내용	
보존여부	기록보존됨		

송달료,보관금 종결에 따른 잔액조회   잔액조회

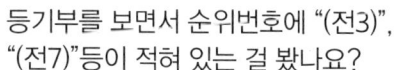

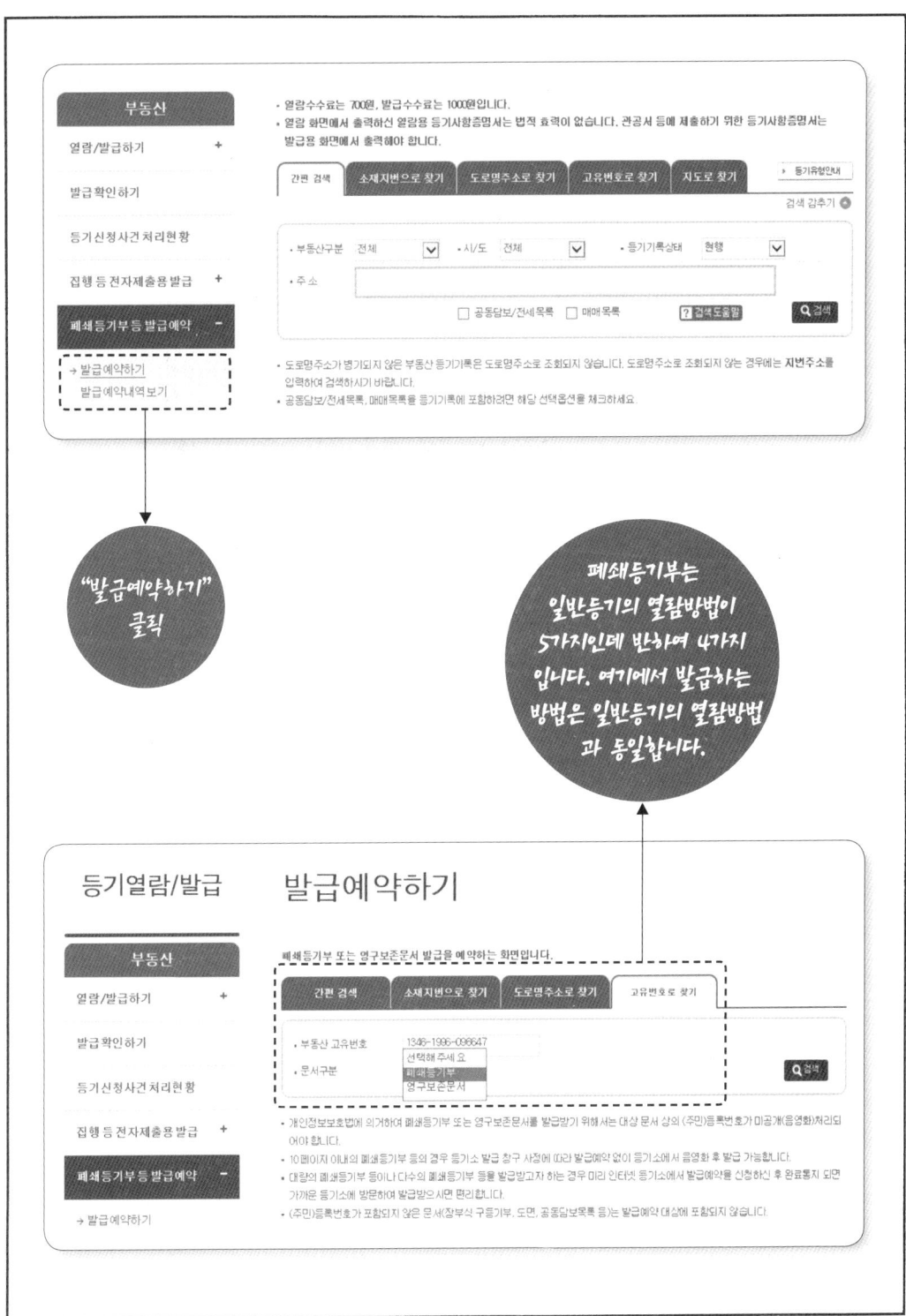

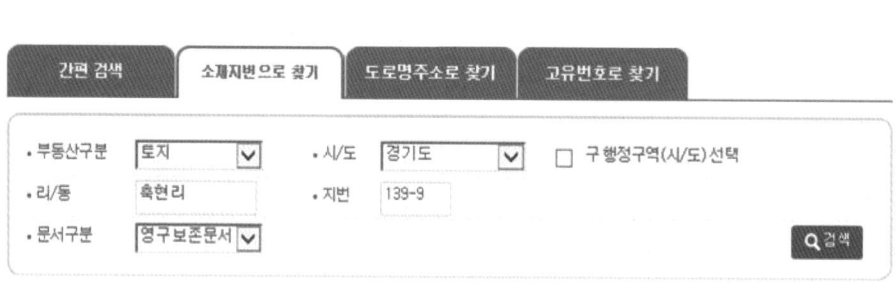

- 개인정보보호법에 의거하여 폐쇄등기부 또는 영구보존문서를 발급받기 위해서는 대상 문서 상의 (주민)등록번호가 미공개(음영화)처리되어야 합니다.
- 10페이지 이내의 폐쇄등기부 등의 경우 등기소 발급 창구 사정에 따라 발급예약 없이 등기소에서 음영화 후 발급 가능합니다.
- 대량의 폐쇄등기부 등이나 다수의 폐쇄등기부 등을 발급받고자 하는 경우 미리 인터넷 등기소에서 발급예약을 신청하신 후 완료통지 되면 가까운 등기소에 방문하여 발급받으시면 편리합니다.
- (주민)등록번호가 포함되지 않은 문서(장부식 구등기부, 도면, 공동담보목록 등)는 발급예약 대상에 포함되지 않습니다.

■ 토지 부동산 소재지번 선택

- 발급예약할 부동산을 선택하세요.
- 상태표시
  - 현행 : 유효한 등기사항을 포함하고 있는 현재 유효한 등기사항증명서
  - 폐쇄 : 등기사항증명서 전산화 이후 분필, 합병, 멸실등으로 인해 폐쇄되어 현재 유효하지 않은 등기사항증명서

부동산 고유번호	부동산 소재지번	상태	선택
2849-2014-011601	[토지] 경기도 파주시 탄현면 축현리 139-9	현행	선택

자! 이렇게 신청한 후 "선택"을 클릭합니다.

❾ 폐쇄등기부 열람 및 분석의 필요성

등기사항전부증명서(말소사항 포함)
- 토지 -

고유번호 1346-1996-096647

[토지] 경기도 안성시 고삼면 쌍지리 산10-3

【 표 제 부 】 (토지의 표시)

표시번호	접 수	소재지번	지 목	면 적	등기원인 및 기타사항
<s>1</s> (전 2)	<s>1997년11월4일</s>	<s>경기도 안성군 고삼면 쌍지리 산10-3</s>	<s>임야</s>	<s>22016㎡</s>	
					부동산등기법 제177조의 6 제1항의 규정에 의하여 2002년 06월 24일 전산이기
2		경기도 안성시 고삼면 쌍지리 산10-3	임야	22016㎡	1998년4월1일 행정구역명칭변경으로 인하여 2003년5월21일 등기

【 갑   구 】 (소유권에 관한 사항)

순위번호	등 기 목 적	접 수	등 기 원 인	권리자 및 기타사항
1 (전 2)	소유권이전	1997년11월4일 제30648호	1997년10월27일 증여	공유자 지분 3분의 1 고■덕 600908-******* 　서울 강서구 등촌동 533-87 지분 3분의 1 <s>권■민</s> 700510-******* 　부천시 오정구 오정동 615-16 고려주택 2동 지 2호 지분 3분의 1 고■한 720214-******* 　전남 무안군 무안읍 성남리 341-5
				부동산등기법 제177조의 6 제1항의 규정에 의하여 2002년 06월 24일 전산이기
1-1	1번등기명의인표시변경	2007년7월13일 제29378호	2007년6월27일 개명	고■민의 성명(명칭) 고■민

"(전 2)"가 있으니 폐쇄등기의 2번 등기가 현재의 등기 1번으로 되었다는 말입니다.

폐쇄등기부 증명서

수원지방법원 안성등기소

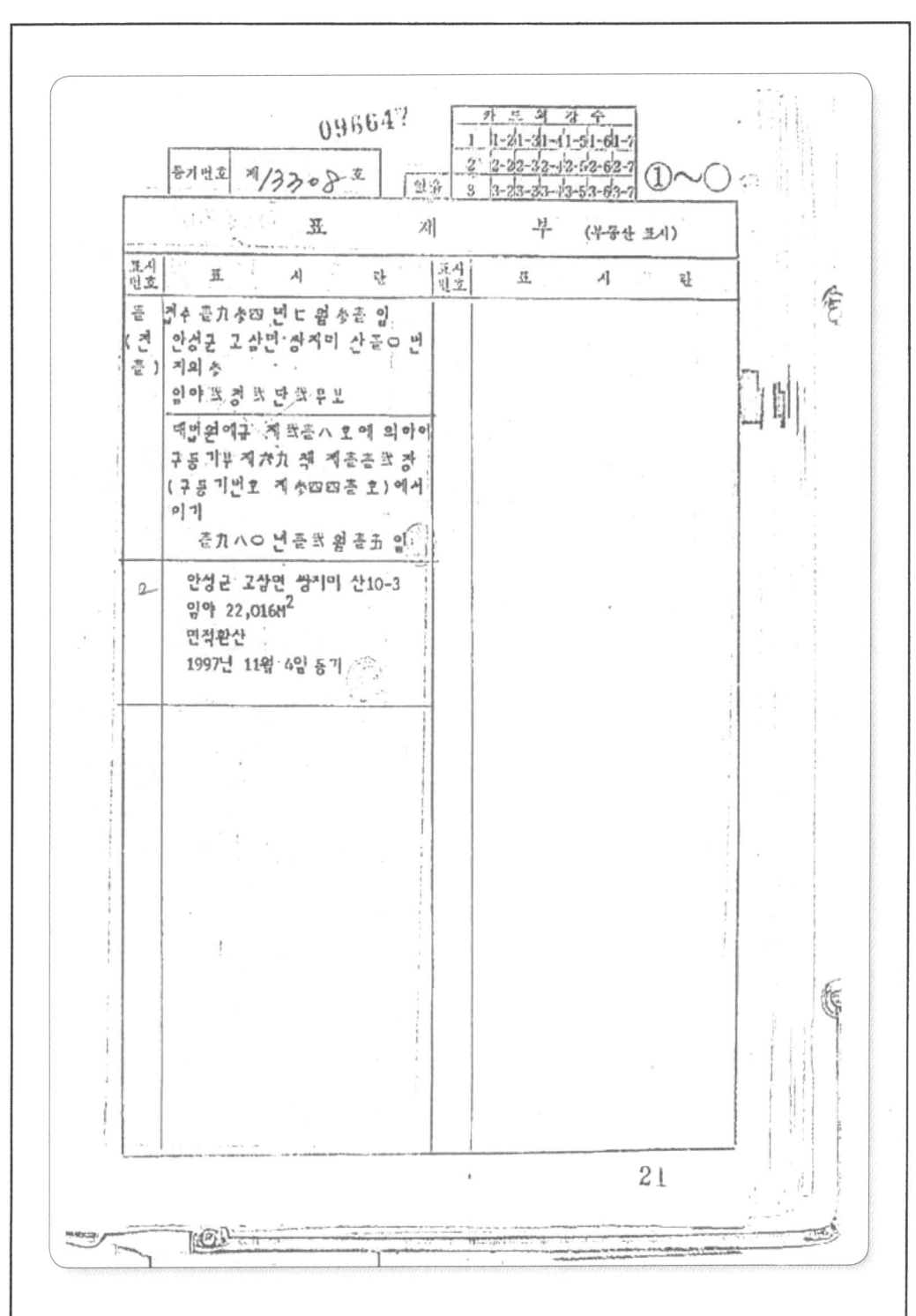

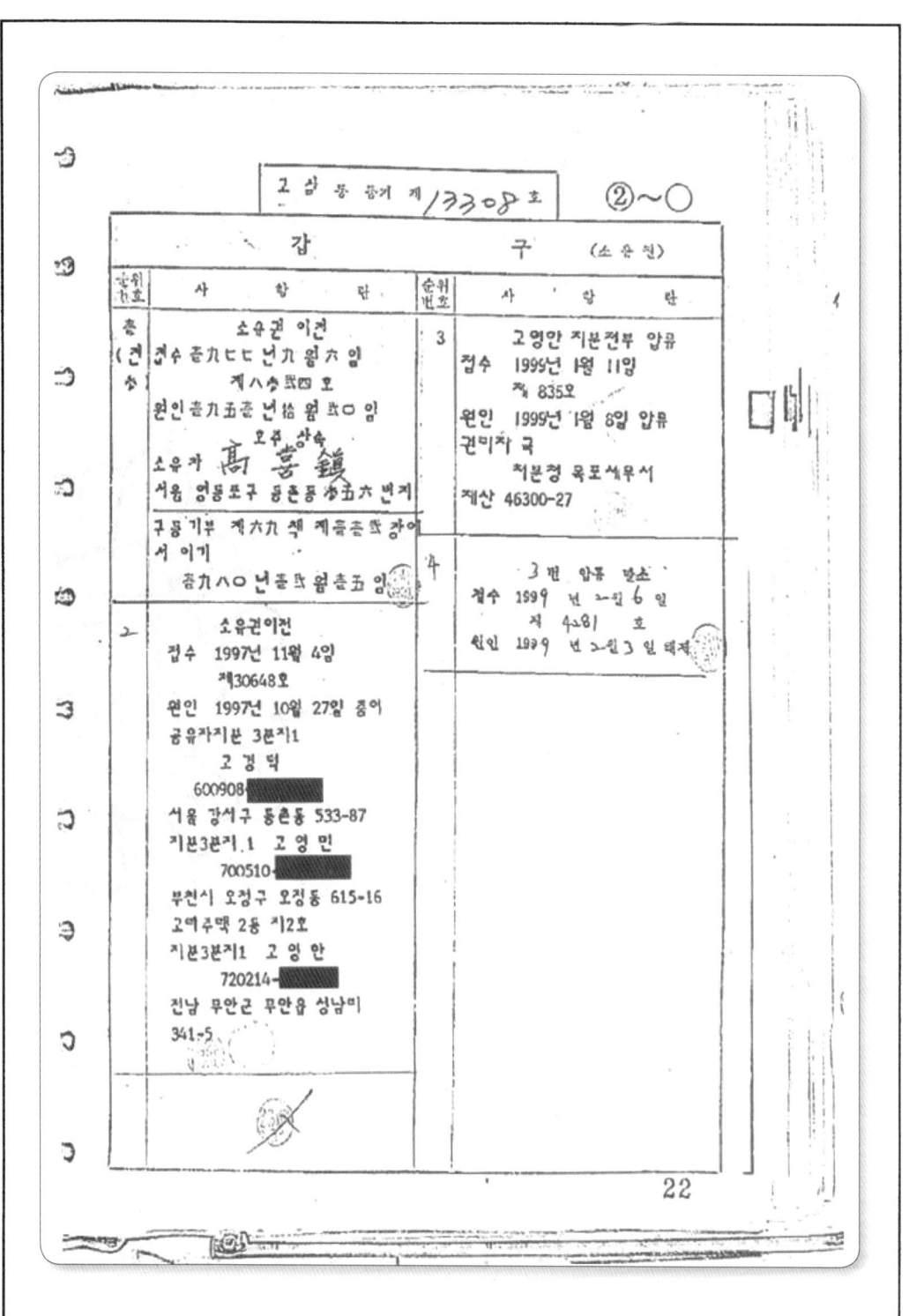

등기사항전부증명서(말소사항 포함)
- 토지 -

고유번호 1352-1996-014786

[토지] 경기도 의왕시 고천동 산30-1

【 표 제 부 】 (토지의 표시)

표시번호	접 수	소재지번	지 목	면 적	등기원인 및 기타사항
1 (전 2)	1991년4월23일	경기도 의왕시 고천동 산30-1	임야	22413㎡	
					부동산등기법 제177조의 6 제1항의 규정에 의하여 2000년 05월 02일 전산이기

【 갑 구 】 (소유권에 관한 사항)

순위번호	등기목적	접 수	등기원인	권리자 및 기타사항
1 (전 7)	소유권이전	1996년9월16일 제15435호	1996년3월8일 협의분할에 의한 상속	공유자 지분 2분의 1 이⬛재 561217-******* 서울 관악구 신림동 516-19 지분 2분의 1 이⬛재 680227-******* 의왕시 오전동 357 부동산등기법 제177조의 6 제1항의 규정에 의하여 2000년 05월 02일 전산이기
1-1	1번등기명의인표시변경	2010년8월31일 제14948호	2006년9월29일 전거	이⬛재의 주소 경기도 의왕시 황곡동 593 인스빌아파트2단지 202-402
~~2~~	~~1번이완재지분압류~~	~~2013년12월11일~~ ~~제135314호~~	~~2013년12월11일~~ ~~압류(세무과-20877)~~	~~권리자 의왕시~~
3	2번압류등기말소	2014년5월20일 제67596호	2014년5월19일 압류해제	
~~4~~	~~임의경매개시결정~~	~~2016년2월18일~~	~~2016년2월18일~~	~~채권자 의왕 새마을금고 134144-0003562~~

"(전 7)"이 있으니 폐쇄등기의 7번 등기가 현재의 등기 1번으로 되었다는 말입니다.

폐쇄등기부 증명서

수원지방법원 안양지원 안양등기소

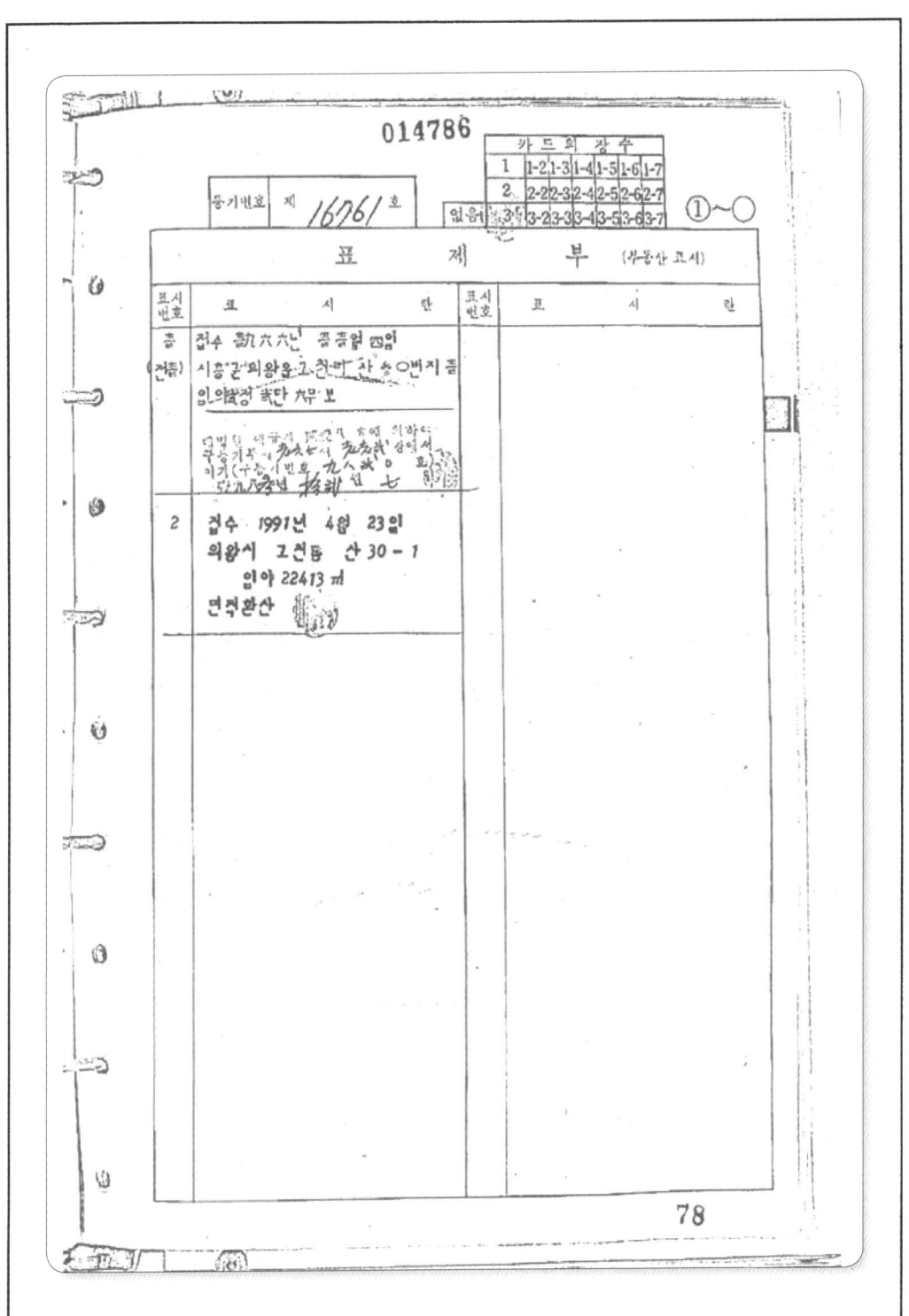

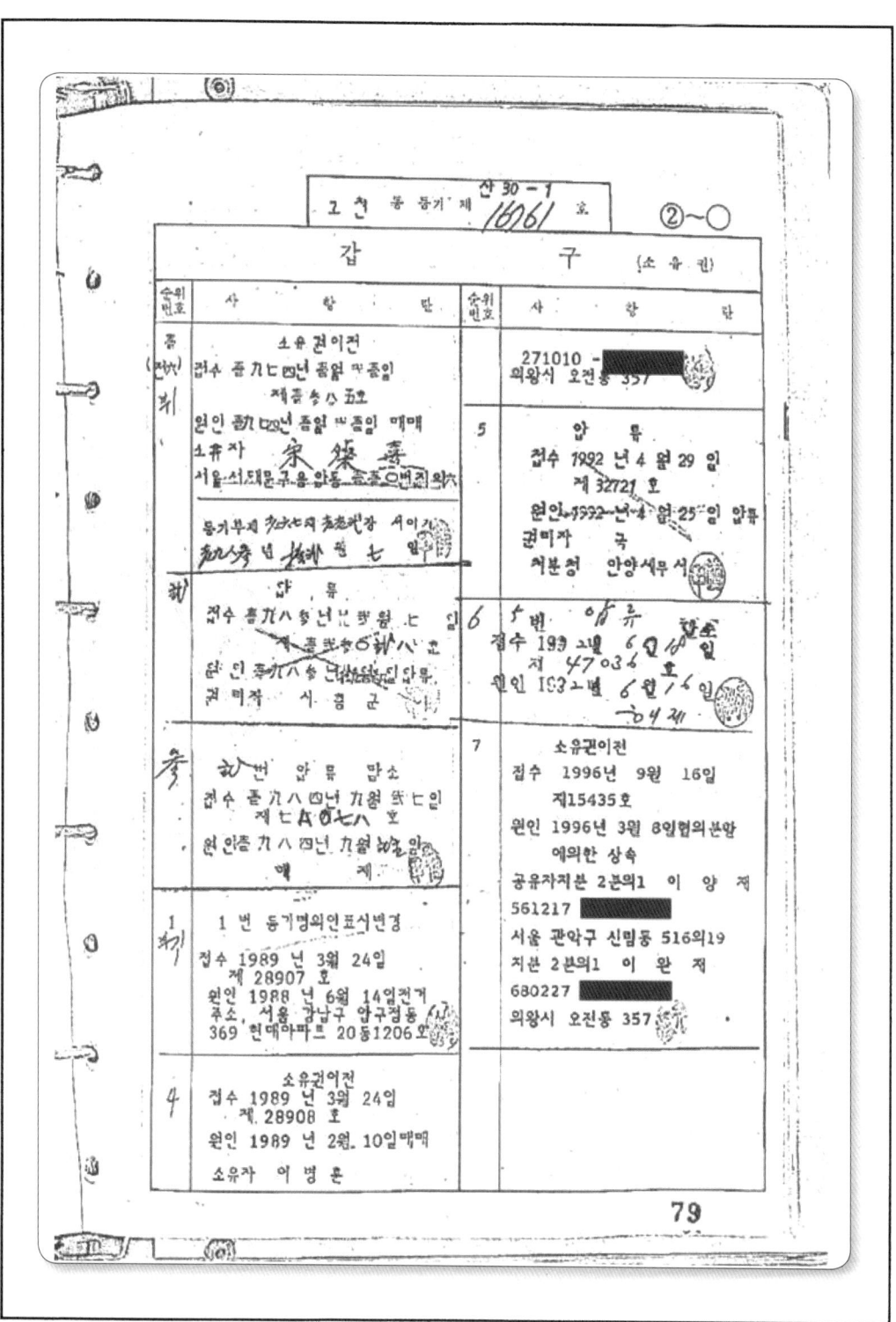

10

거래가액의 등기

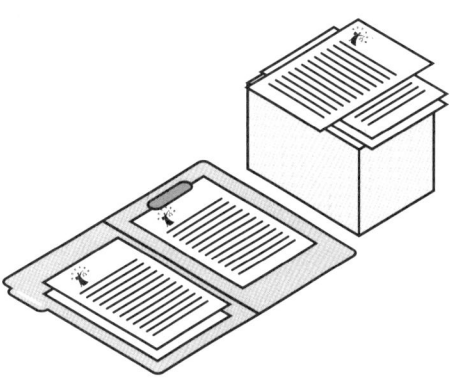

자! 이제는 거래가액의 등기에 대해 알아보겠습니다. 거래가액 등기요?	그렇습니다. 우리가 부동산 거래를 할 때 거래가액을 등기부에 기록하는 것을 말합니다. 모든 부동산거래에서 해야 하나요?
아닙니다. "부동산 거래신고 등에 관한 법률" 제3조 제1항에서 정하는 계약을 등기원인으로 한 소유권이전등기를 하는 경우에만 합니다. 그래요…	대법원등기예규에는 2006.1.1. 이후 작성된 매매계약서를 등기원인증서로 하여 소유권이전등기를 신청하는 경우에 등기한다고 되어 있습니다. 그럼 거래가액 등기를 안해도 되는 경우는?

거래가액을 등기하지 않아도 되는 경우

1. 2006.1.1. 이전에 작성된 매매계약서에 의한 등기신청을 하는 때
2. 등기원인이 매매라 하더라도 등기원인증서가 판결, 조정조서 등 매매계약서가 아닌 때
3. 매매계약서를 등기원인증서로 제출하면서 소유권이전등기가 아닌 소유권이전청구권가등기를 신청하는 때

그렇습니다. 가등기를 하면 관할 세무서장에게 통보하는 것도 봤습니다.

그러나 매매계약을 원인으로 한 소유권이전청구권가등기에 의한 본등기를 신청하는 때에는 매매계약서를 등기원인증서로 제출하지 않는다 하더라도 거래가액을 등기해야 합니다.

분양계약의 경우

1. **최초의 피분양자가 등기권리자가 된 경우**
   등기신청서에 분양계약서와 함께 거래신고필증이 첨부되어 있을 때에는 거래가액을 등기하고, 거래계약신고 대상이 아니어서 검인 받은 분양계약서만 첨부되어 있을 때에는 거래가액을 등기하지 아니한다.
2. **최초의 피분양자로부터 그 지위를 이전받은 자가 등기권리자가 된 경우**
   등기신청서에 등기권리자가 매수인으로 거래계약신고를 하여 교부받은 거래신고필증이 첨부되어 있을 때에만 거래가액을 등기한다. 이 경우 등기권리자가 여러 명일 때에는 그 권리자 전부가 동시에 공동매수인으로 거래계약신고를 하여 교부받은 거래신고필증만을 말한다.

자! 거래가액등기는 등기를 분석하는데 큰 문제가 되지는 않습니다.

그렇기는 합니다. 자! 이제 "등기예규"에 사례로 나와 있는 경우를 보겠습니다.

1. 1개의 신고필증에 1개의 1개의 부동산이 기재되어 있는 경우
(토지 서울특별시 강남구 신사동 53)

【 갑 구 】			(소유권에 관한 사항)	
순위번호	등기목적	접 수	등 기 원 인	권리자 및 기타사항
2	소유권이전	2005년5월10일 제5500호	2005년5월9일 매매	소유자 이갑동 560223-******* 서울시 중구 다동 6
3	소유권이전	2006년6월5일 제8000호	2006년6월4일 매매	소유자 홍길동 640926-******* 의정부시 금오동 463-12 거래가액 금300,000,000원

2. 1개의 신고필증에 여러 개의 부동산이 기재되어 있는 경우
(토지 서울특별시 강남구 신사동 153)

【 갑 구 】			(소유권에 관한 사항)	
순위번호	등기목적	접 수	등 기 원 인	권리자 및 기타사항
2	소유권이전	2005년5월10일 제5501호	2005년5월9일 매매	소유자 이갑동 560223-******* 서울시 중구 다동 6
3	소유권이전	2006년6월5일 제8001호	2006년6월4일 매매	소유자 홍길동 640926-******* 의정부시 금오동 463-12 매매목록 제2006-101호

(건물 서울특별시 강남구 신사동 153)

【 갑 구 】			(소유권에 관한 사항)	
순위번호	등기목적	접 수	등 기 원 인	권리자 및 기타사항
2	소유권이전	2005년5월10일 제5501호	2005년5월9일 매매	소유자 이갑동 560223-******* 서울시 중구 다동 6
3	소유권이전	2006년6월5일 제8001호	2006년6월4일 매매	소유자 홍길동 640926-******* 의정부시 금오동 463-12 매매목록 제2006-101호

매 매 목 록

목록번호	2006-101			
거래가액	금500,000,000원			
일련번호	부동산의 표시	순위번호	등기원인	경정원인
1	[토지] 서울특별시 강남구 신사동 153	3	2006년6월4일 매매	
2	[건물] 서울특별시 강남구 신사동 153	3	2006년6월4일 매매	

3. 하나의 부동산에 수인의 매도인과 수인의 매수인이 매매계약을 체결한 경우
(토지 서울특별시 강남구 신사동 233)

【 갑 구 】			(소유권에 관한 사항)	
순위번호	등기목적	접 수	등기원인	권리자 및 기타사항
2	소유권이전	2005년5월10일 제5502호	2005년5월9일 매매	공유자 지분 2분의 1 이갑동 560223-******* 서울시 중구 다동 6 지분 2분의 1 김삼남 500223-******* 서울시 중구 회현동 9
3	2번이갑동지분2분의1 중 일부(4분의1), 2번김삼남 지분2분의1 중 일부(4분의1)이전	2006년6월5일 제8002호	2006년6월4일 매매	공유자 지분 2분의1 홍길동 640926-******* 의정부시 금오동 463-12 매매목록 제2006-102호
4	2번이갑동지분전부, 2번 김삼남지분전부이전	2006년6월5일 제8003호	2006년6월4일 매매	공유자 지분 2분의1 성춘향 600224-******* 서울시 중구 회현동 120 매매목록 제2006-102호

매 매 목 록				
목록번호	2006-102			
거래가액	금300,000,000원			
일련번호	부동산의 표시	순위번호	예비란	
			등기원인	경정원인
1	[토지] 서울특별시 강남구 신사동 233	3	2006년6월4일 매매	
2	[건물] 서울특별시 강남구 신사동 233	4	2006년6월4일매매	

자! 거래가액의 등기는 등기권리를 분석하는데 중요한 것은 아니니까 이 정도만 알고 계시면 될 겁니다.

알겠습니다~~

11

공유지분등기와 분석방법

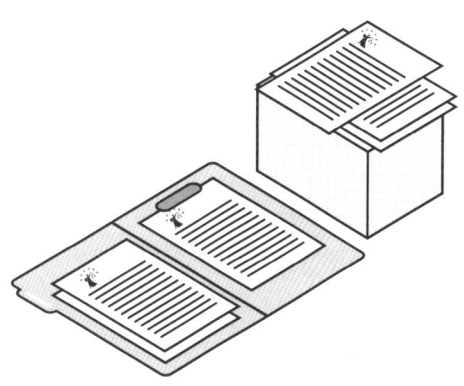

부동산등기법

제67조(소유권의 일부이전) ① 등기관이 소유권의 일부에 관한 이전등기를 할 때에는 이전되는 지분을 기록하여야 한다. 이 경우 등기원인에 「민법」 제268조 제1항 단서의 약정이 있을 때에는 그 약정에 관한 사항도 기록하여야 한다.
② 제1항 후단의 약정의 변경등기는 공유자 전원이 공동으로 신청하여야 한다.

자! 이렇게 소유권 일부에 관한 이전등기는 이전되는 지분을 이전해야 합니다.

그럼 단서조항은…?

공유자는 공유물의 분할을 청구할 수 있으나, 5년 내의 기간으로 분할하지 아니할 것을 약정할 수 있다라고 되어 있습니다.

이 말씀은 약정만 하면 된다는?

아닙니다. 반드시 그 내용을 등기해야 효력을 발생합니다.

등기를 해야…

또한 5년이 되어 계약을 갱신할 때에도 5년 이내로 해야 하고, 이러한 약정의 변경등기는 공유자 전원이 공동으로 신청해야 한다고 되어 있습니다.

그럼 공유자 1인이라도 동의하지 못하면…?

당연히 갱신을 위한 등기를 할 수가 없기 때문에 공유자 중 1인이 공유물분할을 청구할 수 있겠죠.

알겠습니다~~

자! 공유지분과 관련된 것은 법조항에서 알아보았으니 이제는 실제로 등기부를 보면서 알아보겠습니다.

이제 실전이군요…?

【 갑 구 】		(소유권에 관한 사항)		
순위번호	등기목적	접 수	등기원인	권리자 및 기타사항
2	소유권이전	2015년9월10일 제1985호	2015년9월8일 매매	소유자 홍길동 640926-******* 의정부시 금오동 463-12
3	소유권일부 이전	2016년4월20일 제3456호	2016년4월19일 매매	공유자 지분 4분의 1 싱춘향 610224-******* 의정부시 금오동 898
4	2번 홍길동 지분일부이전	2016년10월15일 제5734호	2016년10월13일 매매	공유자 지분 4분의 1 김일호 761220-******* 서울시 중구 다동 24
5	3번 성춘향 지분전부이전	2018년2월12일 제2134호	2018년2월10일 매매	공유자 지분 4분의 1 성윤호 680524-******* 군포시 산본1동 278
6	4번 김일호 지분4분의1중 일부(8분의1)이전	2019년9월20일 제5233호	2019년9월18일 매매	공유자 지분 8분의1 남보다 620321-******* 서울시 종로구 관훈동 24

자! 등기가 이렇게 된 경우 각각의 지분을 계산하는 법을 알아 볼게요.

저도 지분 계산하는 방법이 궁금했는데 이번에 확실히 배울게요~~

일단 아무리 많은 사람들이 공유지분으로 분할을 한다고 해도 공유지분의 합은 1분의1, 즉 1이 나와야 한다는 겁니다.

그게 무슨 말씀인지…?

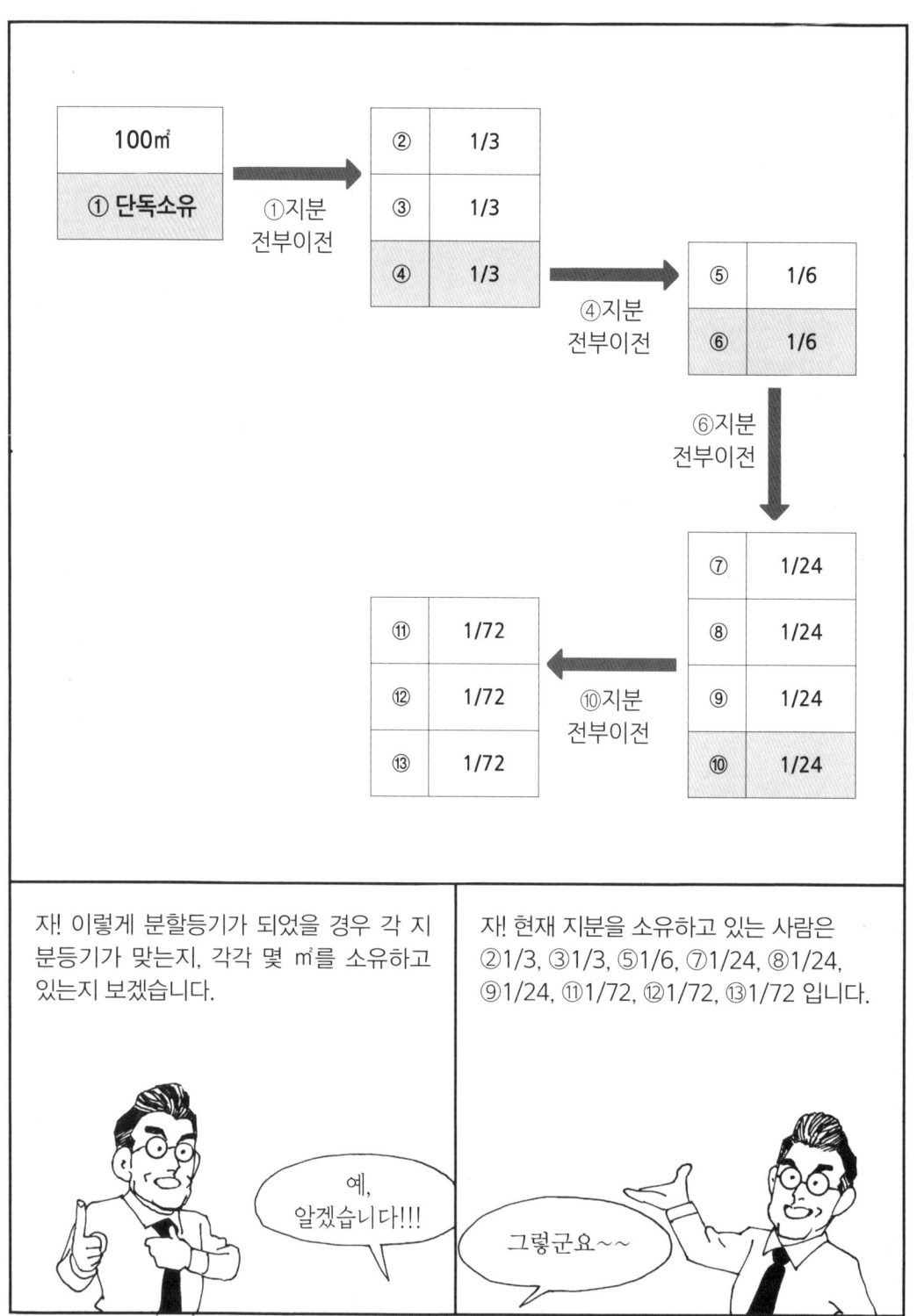

자! 이제 이 지분의 합이 "1"이 되는가 확인해야 합니다.

ㅋㅋ 저도 할 수 있을 거 같습니다~~

자! 현 지분소유자의 합을 계산하면 "1/3+1/3+1/6+1/24+1/24+1/24+1/72+1/72+1/72"입니다.

그럼 이걸 분모를 전부 72로 해서 계산하면…

그렇습니다.
그럼 "24/72,+24/72+12/72+3/72+3/72+3/72+1/72+1/72+1/72 = 72/72 = 1"
이 됩니다.

그럼 지분계산이 정확하다는 거네요?

그렇습니다. 지분 계산을 할 때는 항상 이렇게 하면 됩니다.

그럼 ②, ⑤, ⑦, ⑪의 면적 계산은…?

②는 1/3×100㎡ 또는 24/72×100㎡=33.33㎡
⑤는 1/6×100㎡ 또는 12/72×100㎡=16.66㎡
⑦은 1/24×100㎡ 또는 3/72×100㎡=4.16㎡
⑪은 1/72×100㎡=1.38㎡ 이렇게 됩니다.

이제 확실히 알 거 같습니다.

그런데 이렇게 계산하니까
"②33.33+③33.33 +⑤16.66+⑦ 4.16+ ⑧4.16 +⑨4.16+⑪1.38+ ⑫1.38+⑬1.38 =99.94"로 나옵니다.

정말 전체 합이 100㎡ 가 안나오는군요?

그렇습니다. 정확한 합이 나오지 않으면 엄청난 혼란이 오겠죠?

그렇겠죠…

그래서 지분 소유는 소수점이 아닌 분수로 표시하는 겁니다.

정말 그렇군요~~

이렇게 공유지분을 분수로 표시하면 아무리 많은 사람으로 분할이 되어도 그 지분을 정확하게 이전할 수가 있습니다.

알겠습니다. 정확하고 알기 쉽게 설명해 주셔서 감사합니다.

12

임차권
등기명령

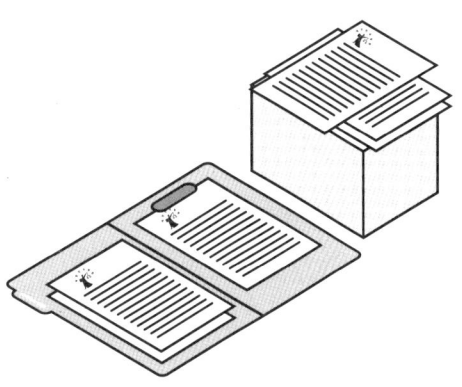

【 을 구 】		(소유권 이외의 권리에 관한 사항)		
순위번호	등기목적	접 수	등 기 원 인	권리자 및 기타사항
1	근저당권설정	1998년1월23일 제1283호	1998년1월23일 설정계약	채권최고액 금350,000,000원정 채무자 홍길동 　서울시 종로구 원남동 981 근저당권자 주식회사 국민은행 　서울시 중구 남대문로2가 9-1
2	주택임차권	2003년4월20일 제10099호	2003년3월29일 서울중앙지방법원 의 임차권등기명령 (2003카기46)	임차보증금 150,000,000원 범　위　주택 전부 임대차계약일자 1997년7월30일 주민등록일자 1997년11월28일 점유개시일자 1997년11월28일 확정일자 1998년3월23일 임차권자 성춘향 790321-******* 　서울시 중구 회현동 125

자, 등기부에 이런 내용의 주택임차권이 있을 경우 분석하는 방법을 알아보죠.

그렇습니다. 이런 문제로 인하여 경매site나 여러분들이 착각을 할 수가 있습니다.

등기접수는 1번 근저당권 보다 늦네요?

그렇군요~~

그러므로 주택임차권을 분석할 때는 접수 일자를 기준으로 분석하면 안됩니다.

반드시 권리자 및 기타사항에 나타난 일자를 보고 분석을 해야 합니다.

요건 및 절차

1. 임차기간이 끝난 임차인이 단독으로 신청 가능
2. 임차주택의 주소지 관할 법원에 청구
3. 신청취지 및 이유, 주택의 특징, 임차권등기의 원인이 된 사실 등을 기재

또한 임차권등기를 신청했다고 하여 바로 주민등록을 이전하면 안됩니다.

임차권등기가 등기부등본에 기재가 된 뒤에 퇴거를 해야 대항력이 존속됩니다.

13

가등기에 의한 본등기 시 본등기의 순위

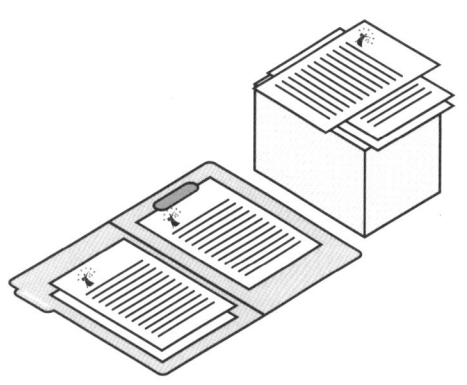

예를 들어 매도인과 매수인이 매매계약을 할 때…

계약금을 보통 10% 지급하잖아요?

그렇습니다. 그렇지만 매도인의 마음이 바뀌거나, 거래하려는 부동산에 가압류, 가처분 등이 되면 문제가 복잡하겠죠?

당연하겠죠.

그래서 매수인 입장에서는 안전하게 소유권 이전등기를 해오기 위해서 가등기를 하죠.

가등기를 하면 안전하겠죠?

부동산등기법을 한번 보고 가기로 하죠.

왜 법조항을 자주 이야기 하시지…

부동산등기법 제91, 92조

제91조(가등기에 의한 본등기의 순위) 가등기에 의한 본등기(本登記)를 한 경우 본등기의 순위는 가등기의 순위에 따른다.

제92조(가등기에 의하여 보전되는 권리를 침해하는 가등기 이후 등기의 직권말소) ① 등기관은 가등기에 의한 본등기를 하였을 때에는 대법원규칙으로 정하는 바에 따라 가등기 이후에 된 등기로서 가등기에 의하여 보전되는 권리를 침해하는 등기를 직권으로 말소하여야 한다.

② 등기관이 제1항에 따라 가등기 이후의 등기를 말소하였을 때에는 지체 없이 그 사실을 말소된 권리의 등기명의인에게 통지하여야 한다.

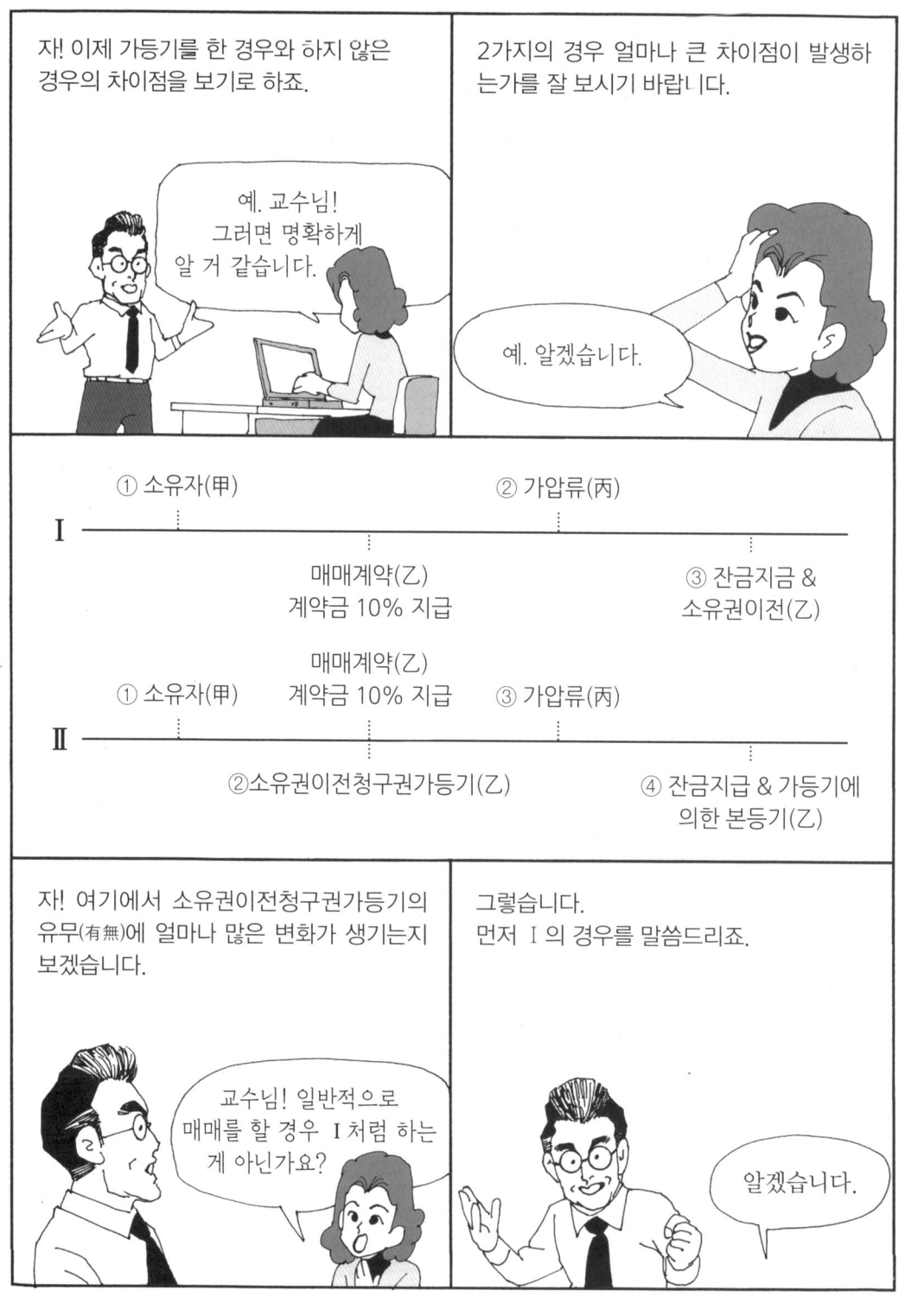

매매를 원인으로 한 소유권이전청구권가등기

순위번호	등기목적	접 수	등 기 원 인	권리자 및 기타사항
3	소유권이전 청구권가등기	2007년3월14일 제3625호	2007년3월11일 매매예약	가등기권자 홍길동 590225-******* 서울시 서대문구 홍은동 234

시기부 매매를 원인으로 한 소유권이전청구권가등기

순위번호	등기목적	접 수	등 기 원 인	권리자 및 기타사항
3	시기부소유권이전 청구권 가등기	2007년3월14일 제3625호	2007년3월11일 매매(시기 2008년 5월20일)	가등기권자 홍길동 590225-******* 서울시 서대문구 홍은동 234

조건부 매매를 원인으로 한 소유권이전청구권가등기

순위번호	등기목적	접 수	등 기 원 인	권리자 및 기타사항
3	조건부소유권 이전청구권 가등기	2007년3월14일 제3625호	2007년3월11일 매매(조건 농지법 제8조의 증명)	가등기권자 홍길동 590225-******* 서울시 서대문구 홍은동 234

14

환매특약등기

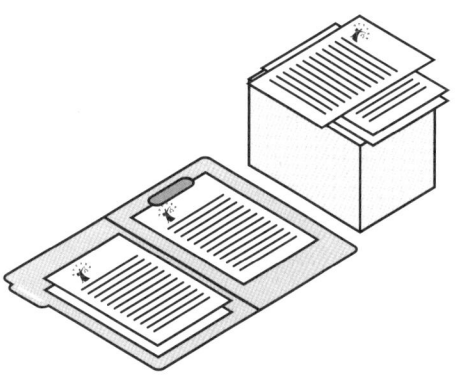

자! 이제 환매특약등기에 대하여 알아보겠습니다.  환매특약등기요?	환매특약등기는 등기부에서 가끔 나오는 것을 알 수 있습니다.  교수님! 저도 몇 번 봤어요~~
환매특약이란 부동산을 매매하면서 일정한 조건으로 매도인이 다시 사는 계약을 맺는 것을 말합니다.  그런 사항을 등기해야 하나요?	물론 등기를 해야 효력이 발생합니다. 어떤 내용을 등기해야 하나요?
매수인이 지급한 대금, 매매비용, 환매기간을 등기해야 하지만, 환매기간은 등기원인에 그 사항이 정하여져 있는 경우에만 기록합니다.  그렇군요…	민법 제591조에서는 환매기간을 5년을 넘지 못하고, 약정기간이 5년을 넘는 때에는 5년으로 단축한다고 했습니다.  그럼 연장할 수도 있나요?

영월1계 2010 타경 6176 대지

| 사건내용

소 재 지	강원 정선군 신동읍 조동리 45-29 [일괄]·30, 99-, 99-2, 100-, 100-1, 외19				
경매구분	강제경매	채 권 자	연○○		
용 도	대지	채무/소유자	함○○○○○○○	매각기일	12.04.10 대납
감 정 가	3,132,743,000 (10.10.22)	청 구 액	50,000,000	종국결과	12.05.10 배당종결
최 저 가	525,587,000 (17%)	토지면적	42,514.0㎡ (12,860.5평)	경매개시일	10.08.27
입찰보증금	105,117,400 (20%)	건물면적	0㎡ (0.0평)	배당종기일	10.11.18
주 의 사 항	·소멸되지 않는 권리 : 2006.2.7. 접수 제1183호 환매특약등기(환매대금 : 1,979,072,250원, 환매기간 : 2010. 10. 31.까지, 환매권자 : 정선군)				

36 (전 36)	합병한 대340㎡에 대한 이기 전전전1번방수문지분전부이전	2002년12월3일 제13308호	2002년11월25일 공공용지의 협의 취득	공유자 지분 2분의 1 정선군 3237
				분할로 인하여 순위 제1 내지 36번 등기를 강원도 정선군 신동읍 조동리 45-4에서 전사 접수 2005년10월13일 제10835호
37	소유권이전	2006년1월20일 제651호	2005년10월18일 매매	소유자 주식회사함종백합레저타운 144911-0002169 강원 정선군 신동읍 조동리 228
37-1	37번소유권경정	2006년2월7일 제1182호	신청착오	등기원인 환매특약부 매매
37-2	환매특약	2006년2월7일 제1183호	2005년10월18일 특약	환매대금 금1,979,072,250원 계약비용 없음 환매기간 2010년10월31일까지 환매권자 정선군 3237

자! 이 경매물건과 등기를 살펴보면, 환매기간이 2010.10.31.입니다.

그럼 이때까지 환매등기를 하지 않았으니까..

당연히 환매할 권리를 잃었죠.

그렇네요~~

15

혼동으로 소멸되는 가등기

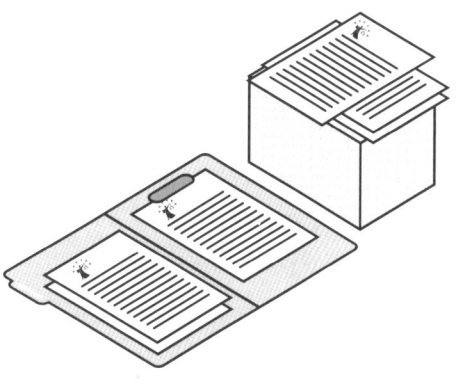

의정부3계 2010 타경 24513 전

| 사건내용

소 재 지	경기 양주시 은현면 선암리 172-2				
경매구분	강제경매	채 권 자	서OOOOO		
용 도	전	채무/소유자	김OO	매각기일	12.02.02 변경
감 정 가	27,300,000 (10.08.27)	청 구 액	32,724,823	종국결과	12.02.23 기각
최 저 가	21,840,000 (80%)	토지면적	195.0㎡ (59.0평)	경매개시일	10.07.16
입찰보증금	2,184,000 (10%)	건물면적	0㎡ (0.0평)	배당종기일	10.10.11
주 의 사 항	· 재매각물건 · 선순위가등기 · 맹지 · 농지취득자격증명 특수件분석신청 · 소멸되지 않는 권리 : 갑구 순위2번 소유권이전청구권가등기(1983.11.28.)는 말소되지 않고 매수인이 인수 함(단 가등기권리자가 전 소유자 임)				

【 갑 구 】 (소유권에 관한 사항)

순위번호	등 기 목 적	접 수	등 기 원 인	권 리 자 및 기 타 사 항
1 (전 4)	소유권이전	1983년11월24일 제35617호	1983년11월10일 매매	소유자 박○희 서울 성동구 마장동 439-1
2 (전 5)	소유권이전청구권가등기	1983년11월28일 제35984호	1983년11월10일 매매예약	권리자 이○우 서울 성북구 정릉동 332-141
3 (전 6)	소유권이전	1986년6월2일 제20039호	1986년5월30일 매매	소유자 이○우 330509-1****** 서울 성북구 정릉동 332-141
9	강제경매개시결정	2010년7월16일 제62174호	2010년7월16일 의정부지방법원의 강제경매개시결정(2010 타경24513)	채권자 서울보증보험주식회사 110111-0099774 서울 종로구 연지동 136-74 (강북신용지원단)

그렇습니다. 그러나 민법에서 말하는 혼동의 개념이 여기에 해당됩니다.	즉, "동일한 물건에 대한 소유권과 다른 물권이 동일한 사람에게 귀속한 때에는 다른 물권은 소멸한다"는 것이 이에 해당합니다.

乙이 행한 가등기는 소유권이 乙에게 귀속되었으므로 가등기는 제 역할을 다한 것입니다.	즉, 가등기와 소유권이 모두 乙에게 귀속되었으므로 가등기는 소멸된 겁니다.

그렇습니다. 그러므로 乙의 입장에서 보면 가등기와 소유권이 자신에게 있으므로 아무런 문제가 없다는 겁니다.	그러므로 이 경매물건에 있는 가등기는 丙이 소유권을 이전하면서 말소를 신청하면 말소가 되는 겁니다.

MEMO

16

지상권, 지역권
(승역지와 요역지)

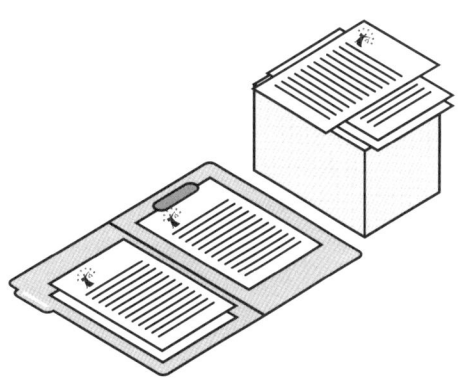

존속기간을 약정한 지상권

1. 석조, 석회조, 연와조 또는 이와 유사한 견고한 건물이나 수목의 소유를 목적으로 하는 때에는 30년
2. 전호 이외의 건물의 소유를 목적으로 하는 때에는 15년
3. 건물 이외의 공작물의 소유를 목적으로 하는 때에는 5년

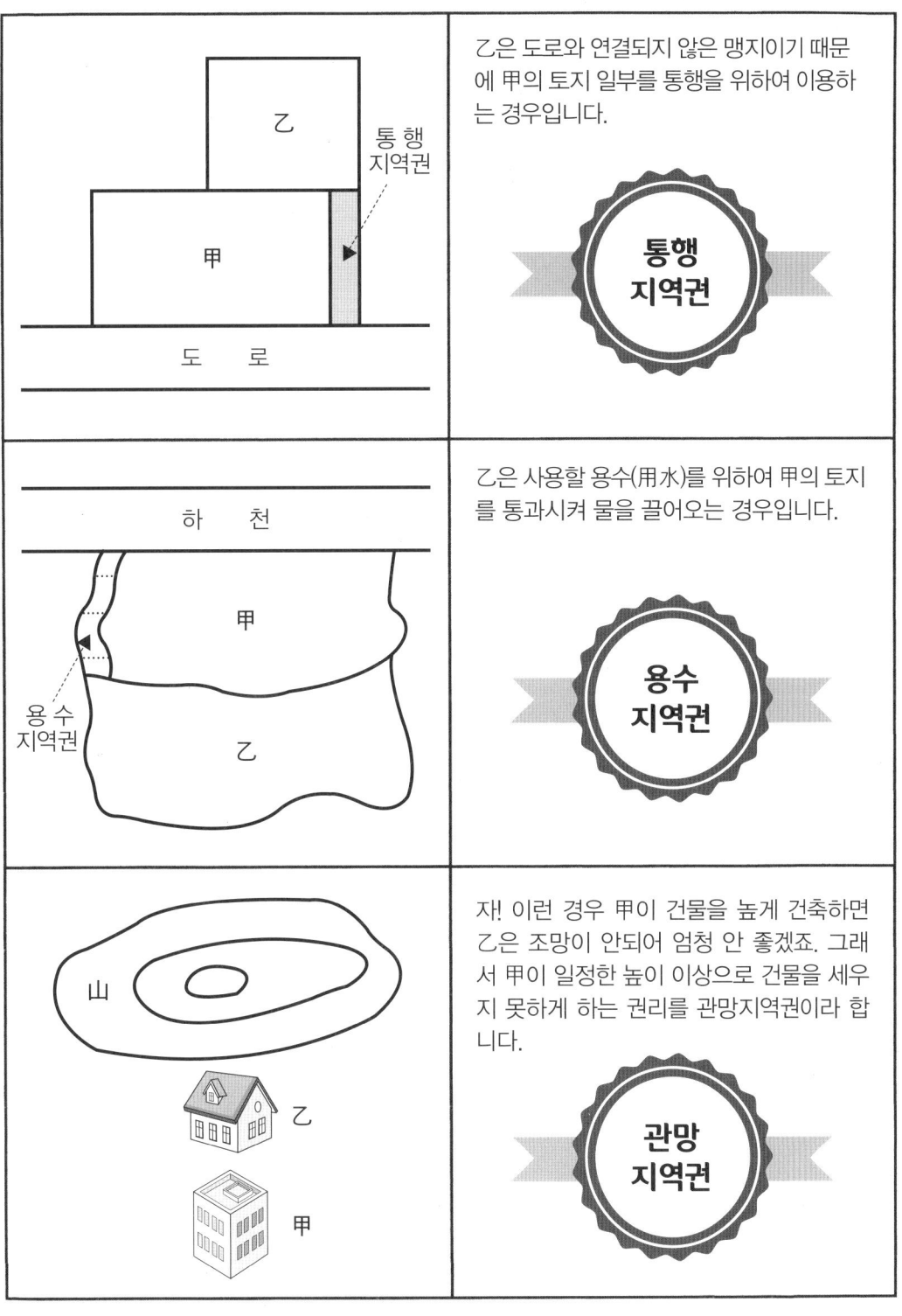

자! 이제 등기사례를 보겠는데 지상권과 지역권은 을구에 기재가 됩니다.

근저당권과 같으니까요.

지상권의 등기사항

1. 지상권설정이 목적
2. 범위
3. 존속기간
4. 지료와 지급시기
5. 「민법」 제289조의2 제1항 후단의 약정
6. 지상권설정의 범위가 토지의 일부인 경우에는 그 부분을 표시한 도면의 번호

승역지지역권의 등기사항

1. 지역권설정의 목적
2. 범위
3. 요역지
4. 「민법」 제289조 제1항 단서, 제297조 제1항 단서 또는 제298조의 약정
5. 승역지의 일부에 지역권설정의 등기를 할 때에는 그 부분을 표시한 도면의 번호

요역지지역권의 등기사항

1. 순위번호
2. 등기목적
3. 승역지
4. 지역권설정의 목적
5. 범위
6. 등기연월일

자! 이렇게 지상권과 승역지지역권, 요역지지역권에 등기해야 할 사항들을 나열해 봤습니다.

참고하겠습니다~~

이제 "부동산등기기재례집"에 나온 여러 가지 사례를 보겠습니다.

알겠습니다.

1. 지상권설정

【 을 구 】			(소유권 이외의 권리에 관한 사항)	
순위번호	등기목적	접 수	등 기 원 인	권리자 및 기타사항
1	지상권설정	2003년3월15일 제31150호	2003년3월14일 설정계약	목 적 철근콘크리트조 건물의 소유 범 위 토지 전부 존속기간 2003년3월14일부터 30년 지 료 월 금100,000원 지급시기 매월 말일 지상권자 이도령 600114-******* 　　　　서울시 구로구 구로동 53

2. 토지의 일부에 대한 지상권설정

【 을 구 】			(소유권 이외의 권리에 관한 사항)	
순위번호	등기목적	접 수	등 기 원 인	권리자 및 기타사항
1	지상권설정	2003년3월15일 제31150호	2003년3월14일 설정계약	목 적 철근콘크리트조 건물의 소유 범 위 동남쪽 300㎡ 존속기간 2003년3월14일부터 30년 지 료 월 금100,000원 지급시기 매월 말일 지상권자 이도령 600114-******* 　　　　서울시 구로구 구로동 53 도면편철장 제3책 제8면

3. 지상권의 소멸에 관한 약정이 있는 경우의 지상권설정

【 을 구 】			(소유권 이외의 권리에 관한 사항)	
순위번호	등기목적	접 수	등 기 원 인	권리자 및 기타사항
1	지상권설정	2003년3월15일 제31150호	2003년3월14일 설정계약	목 적 철근콘크리트조 건물의 소유 존속기간 2003년3월14일부터 30년 지 료 월 금100,000원 지급시기 매월 말일 지상권자 이도령 600114-******* 　　　　서울시 구로구 구로동 53
1-1	1번지상권 소멸약정			소멸사유 지상권자의 사망 2003년3월15일 부기

4. 구분지상권설정

가. 지하의 경우

【 을　　구 】		(소유권 이외의 권리에 관한 사항)		
순위번호	등기목적	접　수	등 기 원 인	권리자 및 기타사항
1	구분지상권 설정	2003년8월20 일제6001호	2003년8월13일 설정계약	목　　적　지하철도 소유 존속기간　지하철도 존속시까지 범　　위　토지의 남쪽 끝지점을 포함한 　　　　　　수평면을 기준으로 하여 지하 　　　　　　15m로부터 35m 사이 지상권자　서울특별시

나. 공간의 경우

【 을　　구 】		(소유권 이외의 권리에 관한 사항)		
순위번호	등기목적	접　수	등 기 원 인	권리자 및 기타사항
1	구분지상권 설정	2003년8월20 일제6001호	2003년8월13일 설정계약	목　　적　송전선로 소유 존속기간　송전선로 존속시까지 범　　위　토지의 남쪽 끝지점을 포함한 　　　　　　수평면을 기준으로 하여 지상 　　　　　　15m로부터 35m 사이 지상권자　한국전력공사

1. 통행지역권
가. 승역지

【 을　　　구 】		(소유권 이외의 권리에 관한 사항)		
순위번호	등기목적	접　수	등 기 원 인	권리자 및 기타사항
1	지역권설정	2003년3월5일 제3005호	2003년3월4일 설정계약	목　적　통행 범　위　동측 50㎡ 요역지　경기도 의정부시 금오동 463

나. 요역지

【 을　　　구 】		(소유권 이외의 권리에 관한 사항)		
순위번호	등기목적	접　수	등 기 원 인	권리자 및 기타사항
1	요역지지역권			승역지　경기도 의정부시 금오동 463-1 목　적　통행 범　위　동측 50㎡ 2003년3월5일 등기

2. 용수지역권
가. 승역지

【 을　　　구 】		(소유권 이외의 권리에 관한 사항)		
순위번호	등기목적	접　수	등 기 원 인	권리자 및 기타사항
1	지역권설정	2003년3월5일 제3005호	2003년3월4일 설정계약	목　적　용수사용 범　위　동측 50㎡ 특　약　1. 용수는 요역지를 위하여 먼저 사용함 　　　　2. 요역지 소유자는 인수시설을 수리함 요역지　서울시 마포구 망원동 15-1 도면편철장　제7책 제2면

나. 요역지

【 을　　　구 】		(소유권 이외의 권리에 관한 사항)		
순위번호	등기목적	접　수	등 기 원 인	권리자 및 기타사항
1	요역지지역권			승역지　서울시 마포구 망원동 10 목　적　통행 범　위　동측 50㎡ 2003년3월5일 등기

17

건축법상 사용승인 받지 않은 건물

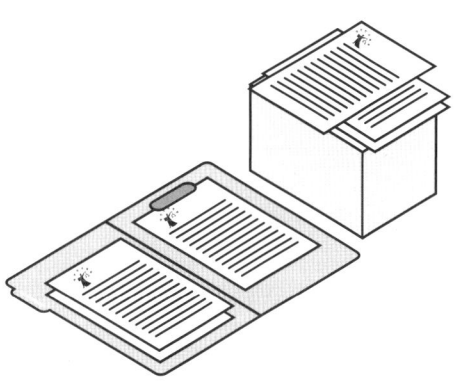

민사집행법 제81조

① 강제경매강제경매신청서에는 집행력 있는 정본 외에 다음 각호 가운데 어느 하나에 해당하는 서류를 붙여야 한다.
 1. 채무자의 소유로 등기된 부동산에 대하여는 등기사항증명서
 2. 채무자의 소유로 등기되지 아니한 부동산에 대하여는 즉시 채무자명의로 등기할 수 있다는 것을 증명할 서류. 다만, 그 부동산이 등기되지 아니한 건물인 경우에는 그 건물이 채무자의 소유임을 증명할 서류, 그 건물의 지번·구조·면적을 증명할 서류 및 그 건물에 관한 건축허가 또는 건축신고를 증명할 서류
② 채권자는 공적 장부를 주관하는 공공기관에 제1항 제2호 단서의 사항들을 증명하여 줄 것을 청구할 수 있다.
③ 제1항 제2호 단서의 경우에 건물의 지번·구조·면적을 증명하지 못한 때에는, 채권자는 경매신청과 동시에 그 조사를 집행법원에 신청할 수 있다.
④ 제3항의 경우에 법원은 집행관에게 그 조사를 하게 하여야 한다.
⑤ 강제관리를 하기 위하여 이미 부동산을 압류한 경우에 그 집행기록에 제1항 각호 가운데 어느 하나에 해당하는 서류가 붙어 있으면 다시 그 서류를 붙이지 아니할 수 있다.

자! 법조문에서 알 수 있듯이 채권자 "갑"은 제81조 제1항 2호의 서류를 제출했을 겁니다.

그 서류를 구체적으로 말씀해 주시면…

건축허가서, 건축신고필증, 건축도급계약서 등이겠죠.

이런 서류는 채권자가 구하기 힘들 텐데요…

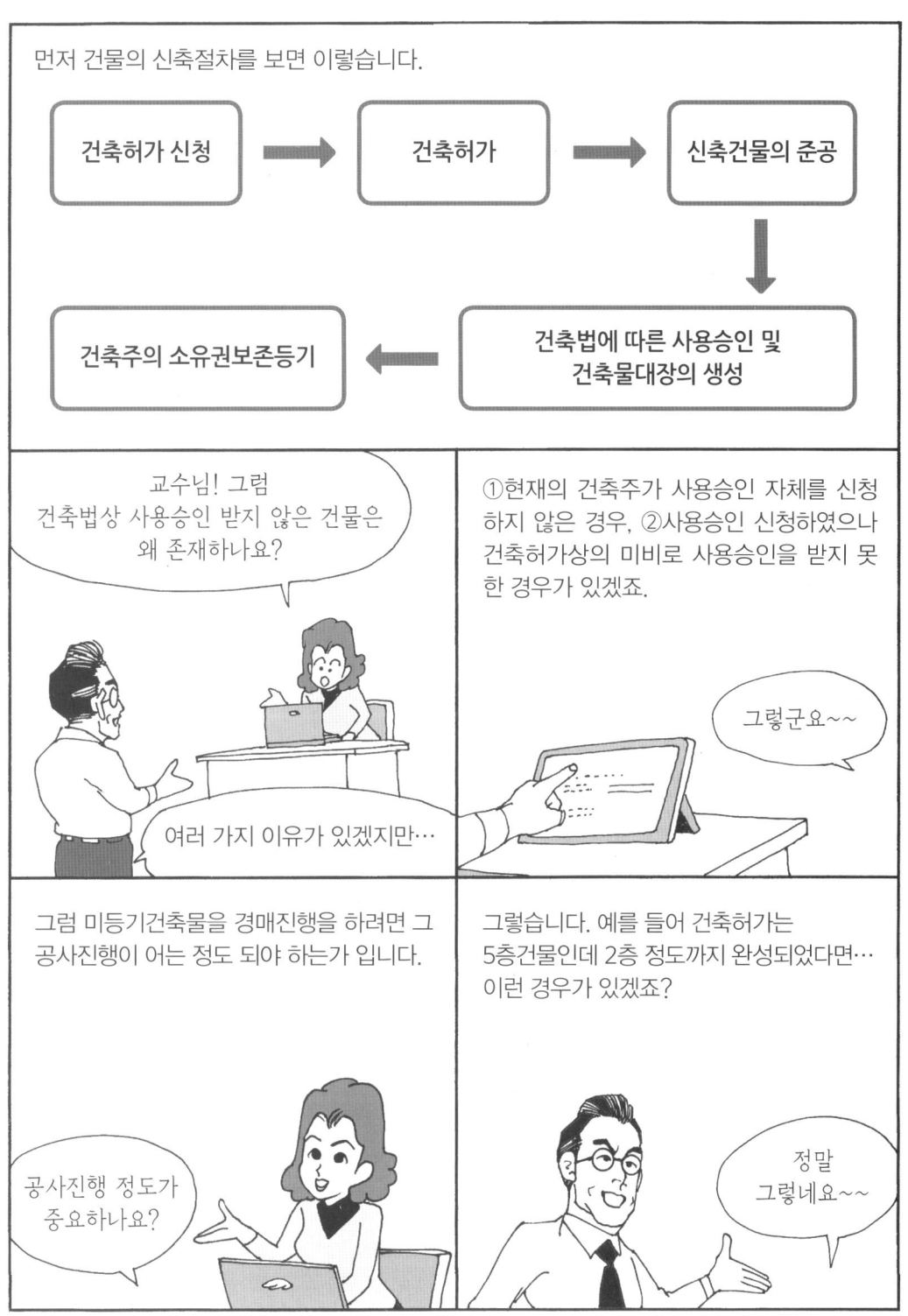

공정률과 관련한 대법원 판례

대법원 2004.10.14.자 2004마34 2결정

위생설비 및 냉난방설비 등의 부대설비가 설치되지 아니하였으나, 외벽, 내벽, 천장, 바닥, 창호공사 등은 종료된 상태로서 건축허가의 내역과 같이 지하 1층, 지상 5층 건물로서의 외관을 갖추고 있어 부동산경매의 대상이 될 수 있다.

대법원 2005.9.9.자 2004마696 결정

위생, 전기, 냉난방설비 등의 부대설비는 전혀 설치되지 아니하였고, 창호공사, 타일공사 등도 이루어지지 아니하였으나, 외벽, 내벽, 천장, 바닥 등 골조공사 등은 종료되어 건축허가의 내역과 같이 지하 1층, 지상 4층 건물로서의 외관을 갖추고 있는 경우 부동산경매의 대상이 될 수 있다.

대법원 2004.9.3.자 2004마480 결정

지하 2층, 지상 10층으로 건축허가를 받았으나, 지상 8층까지 골조공사가 완료되고, 지상 9층 부분은 거푸집만 둘러진 상태에서 공사가 중단된 상태의 건물에 관하여 시공정도로 보아 구조 및 면적이 건축허가 받은 것과 동일성이 없으므로, 그 경매신청은 각하할 수 밖에 없다.

자! 판례를 살펴 봤지만 가장 중요한 것은 집행관의 조사(감정 포함)라고 할 수 있죠.

왜요?

어차피 공정률을 퍼센트로 계산한다는 것은 주관적일 수밖에 없으니까요.

그렇군요.

그럼 교수님, 앞에서 5층 건물을 신축하는데 2층까지만 완성되었다면…

이때는 5층까지의 골조공사가 안되었기 때문에 어렵겠죠…

그러나 5층까지 골조공사가 끝났고, 창문이나 인테리어 등만 안되어 있다면 가능하겠죠.

그렇군요…

대결 2004.10.14. 2004마342

민사집행법 81조 1항 2호 단서가 완공된 건물뿐 아니라 완공되지 아니한 건물에 대하여도 경매를 인정하고 있지만 최소한 건축허가의 내역과 같은 층수의 골조공사가 완공되고, 주벽과 기둥 등의 공사가 이루어져 건축허가의 내역과 같은 건물로서의 외관을 갖춘 건물로 인정될 수 있는 정도의 공사가 이루어진 경우에만 이를 경매의 대상으로 삼을 수 있다.

부동산등기 선례(2012년)

미등기건물에 대한 집행법원의 처분제한등기촉탁에 따른 소유권보존등기를 하는 경우에 제공되어야 할 첨부정보 중 건물의 표시를 증명하는 정보는 「부동산등기법」제65조의 건축물대장이나 특별자치도지사, 시장, 군수 또는 구청장(자치구의 구청장을 말한다)의 확인서로 국한되지 아니하고, 명칭에 관계없이 집행법원에서 인정한 건물의 소재와 지번·구조·면적이 구체적으로 기재된 서면이 될 것이나, 「건축사법」제23조에 의한 건축사업무신고를 한 건축사 또는 「측량·수로조사 및 지적에 관한 법률」제39조에 의한 측량기술자가 작성한 서면은 위 건물의 표시를 증명하는 정보에 해당되지 아니한다.

⑰ 건축법상 사용승인 받지 않은 건물

미등기건물에 대한 가처분 등

① 가처분신청서와 함께 미등기부동산에 대한 조사를 신청하고
② 집행관이 조사결과(감정포함)를 집행법원에 보고하면
③ 법원이 채권자에게 담보제공명령을 하고
④ 채권자가 담보제공 및 등록세 등 비용을 납부하면
⑤ 법원이 가처분결정을 내린 후
⑥ 소유권보존등기와 함께 가처분등기의 기입등기를 촉탁함으로써 종료

교수님! 만약 이렇게 미등기건물에 대하여 경매를 진행하여 보존등기가 되었는데, 경매신청이 취하되거나 취소되면 그 보존등기는 말소되나요?

와우! 대단한 질문입니다.

이러한 촉탁에 따른 보존등기도 통상의 보존등기와 그 효력이 다르지 않습니다.

그럼 말소촉탁등기가 안된다는…?

그렇습니다. 부동산등기의 표제부에만 "건축법상 사용승인 받지 않은 건물임"이라고 표기가 되죠.

그럼 경매에서 낙찰받아 건축허가사항에 의거 완성하면 …

그런 경우 이런 문구가 말소가 되죠. 앞에서 사례로 든 등기를 참조하시면 알 수 있을 겁니다.

감사합니다~~

18

건축물관리대장과 건물등기부등본

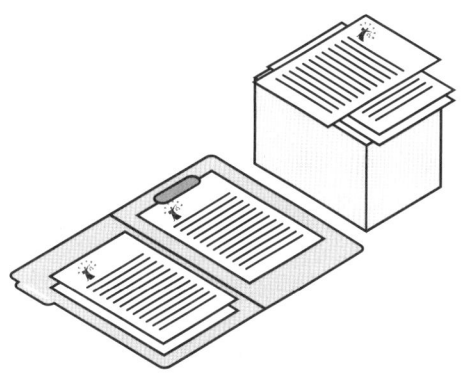

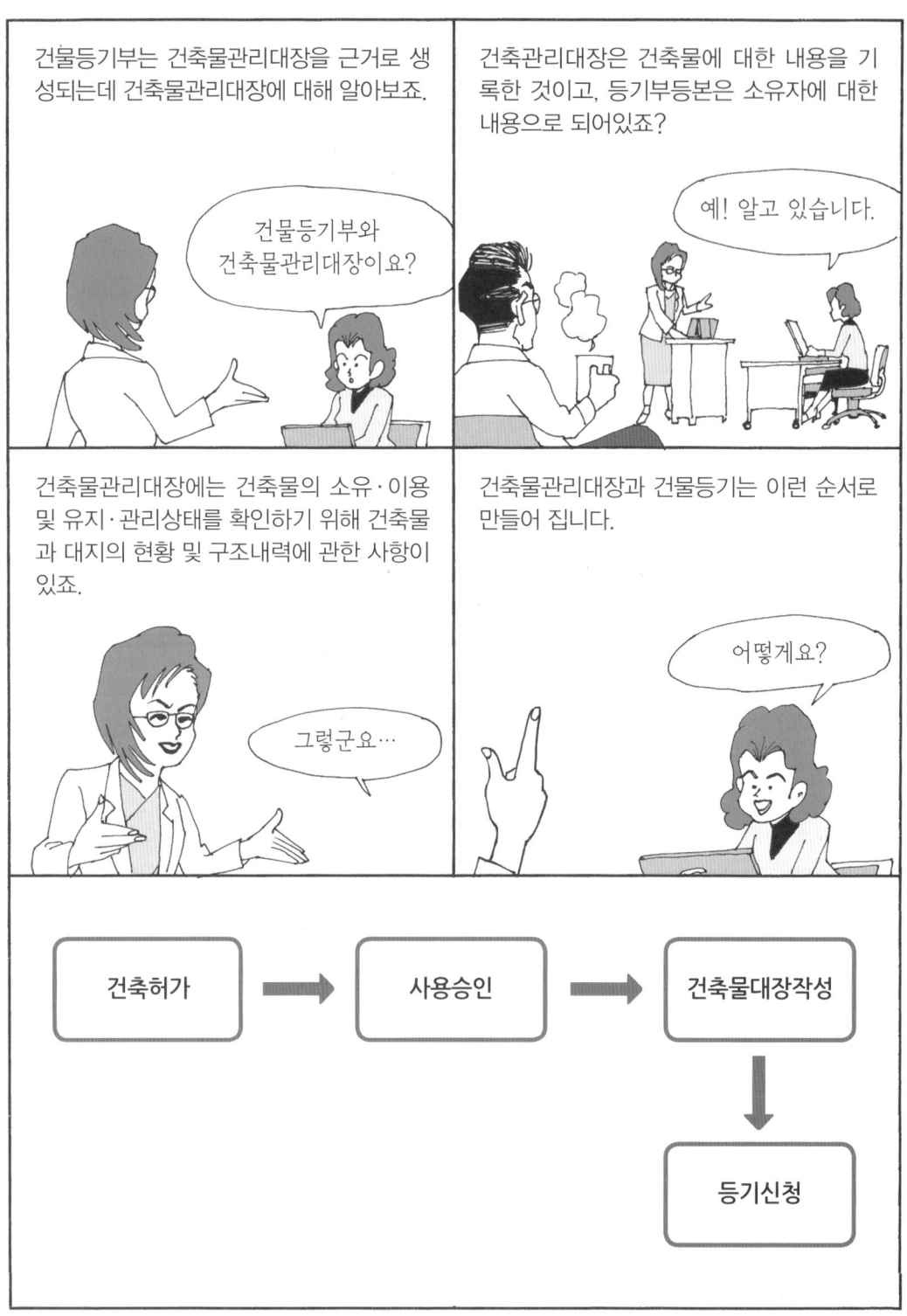

이때 해당 건축물에 임차인이 있을 수가 있겠죠?

그럴 수도 있겠죠…

이때에는 건축물대장의 변경으로 인하여 건축물 동 번호 및 호수 등이 변경된다는 사실을 통지하였음을 증명하는 서류도 첨부해야 합니다.

그 이유가 있나요?

나중에 경매가 들어가면 주택임대차보호법이 문제가 되겠죠?

아하! 주택임대차보호를 받으려면 그 요건이 맞아야 하니까…

그렇습니다. 일반건축물일 경우 주소가 568번지였는데, 집합건축물에서는 568번지 302호로 변경된다면…

주택임대차보호법을 적용받느냐. 받지않느냐의 기준이 되겠군요…

또한 건축물관리대장의 용도와 실제로 사용하고 있는 건축물의 용도가 일치해야 합니다.

일치하지 않으면…?

그런 경우는 용도변경을 먼저하고 신청을 해야 합니다.

그렇군요…

만화로 배우는 부동산등기

초판 1쇄 · 2020년 1월 10일

지은이 · 정기수·김혜란
그　림 · 안　주
제　작 · ㈜봄봄미디어
펴낸곳 · 봄봄스토리
등　록 · 2015년 9월 17일(No. 2015-000297호)
전　화 · 070-7740-2001
이메일 · bombomstory@daum.net

ISBN 979-11-89090-31-9(03320)
값 30,000원